方内散人 著

蒲團子 編訂

通一齋四種

心一堂

書名：通一齋四種
作者：方內散人
編訂：蒲團子
責任編輯：陳劍聰

出版：心一堂有限公司
出版社地址：香港九龍尖沙咀東麼地道六十三號好時中心LG 六十一
門市：香港九龍尖沙咀東麼地道六十三號好時中心LG 六十一
電話號碼：(852)2781-3722
傳真號碼：(852)2214-8777
網址：http://www.sunyata.cc
電郵：sunyatabook@gmail.com
心一堂術數珍本古籍叢刊網上論壇 http://bbs.sunyata.cc/

版次：二零一零年十二月再版
平裝

港幣　八十元正
定價：人民幣　八十元正
新台幣　三百二十元正

國際書號：ISBN 978-9881-872-68-5

香港及海外發行：利源書報社
地址：香港新界荃灣德士古道220-248號荃灣工業中心1609-1616室
電話號碼：(852)2381-8251
傳真號碼：(852)2397-1519

台灣發行：秀威資訊科技股份有限公司
地址：台灣台北市內湖區瑞光路七十六巷六十五號一樓
電話號碼：(886)2796-3638
傳真號碼：(886)2796-1377
網路書店：www.govbooks.com.tw
經銷：易可數位行銷股份有限公司
地址：新北市新店區中正路542之3號4樓
電話號碼：(886)82191500
傳真號碼：(886)82193383
網址：http://ecorebooks.pixnet.net/blog

中國大陸發行・零售：心一堂書店
深圳地址：中國深圳羅湖立新路六號東門博雅負一層零零八號
電話號碼：(86)0755-82224934
北京地址：中國北京東城區雍和宮大街四十號
心一堂網上書店：http://book.sunyata.cc

善的十條眞義

學理重研究不重崇拜
功夫尚實踐不尚空談
思想要積極不要消極
精神圖自立不圖依賴
能力宜團結不宜分散
事業貴創造不貴模仿
幸福講生前不講死後
信仰憑實驗不憑經典
住世是長存不是速朽
出世在超脱不在皈依

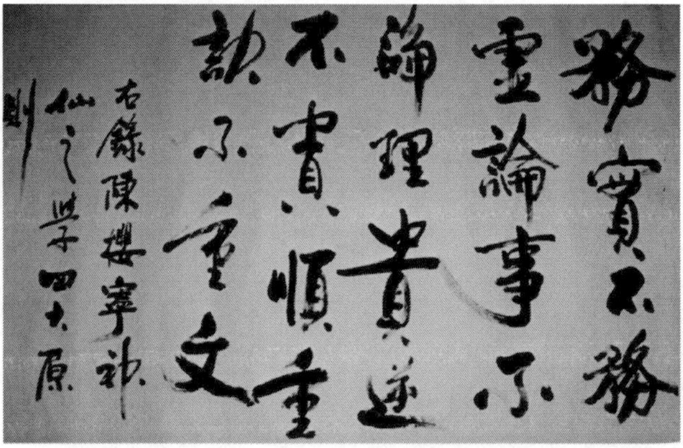

神仙學術四大原則

務實不務虛
論事不論理
貴逆不貴順
重訣不重文

存眞書齋仙道經典文庫緣起

仙道學術，淵遠流長，自軒皇崆峒問道，至今已歷數千年。然歷代仙道大家之經典著述，由於時代之變遷，或埋於館藏，或收於藏海，或佚於民間，或存於方家，若欲覓之，誠為不易。故對一些孤本要典進行重新編校整理，以免其失落，實屬必要。存眞書齋仙道經典文庫之編輯，卽由此而起。

存眞書齋仙道經典文庫之整理計劃始於二零零四年，雖已歷五年，然由於諸多原因，公開出版頗費周折，文庫之第一種道言五種僅以自印本保存，流通之願難以得償。香港心一堂出版社社長陳劍聰先生，雅好道學，嘗以傳播中華固有之傳統文化為己任。在得知存眞書齋仙道經典文庫出版之困難後，遂致電於愚，願將文庫公開出版，以廣流通。善莫大焉。

存眞書齋仙道經典文庫之整理出版，意在保留仙道文化之優秀資料，故而其所入选者，以歷代具有代表性的仙道典籍或瀕於失傳之佳作為主，內容皆須合乎正統仙道之原則，不涉邪偽。凡不合乎於此者，縱為珍本，亦不在整理之列。

本文庫之整理出版，得到了胡海牙老師的大力支持，及存眞書齋諸同仁的通力協助，在此謹致以衷心的謝意。另外，還要特別感謝心一堂出版社陳劍聰先生對文庫出版所提供的方便，及張莉瓊女士、王磊龍靈老弟、劉坤明先生為文庫的整理、出版所付出的努力與關心。

願文庫之出版，能為仙道文化資料之保存小有裨益，則愚等之願遂矣。

己丑夏日蒲團子於存真書齋

編輯大意

一　通一齋四種係存眞書齋仙道經典文庫第四種。作者方内散人，生於清道光二十八年戊申歲（即公元一八四八年），卒年不詳，江西南昌人。陳攖甯先生曾在揚善半月刊（總第六十六期）刊登之道情十詠定志歌篇末按語中云方内「乃待鶴山人鄭陶齋（即鄭觀應）之師」，其「未曾得見，僅由老道友黄邃之君口中得聞其名。據云此君對於三教之理，南北道派，皆能融會貫通，不固執門户，惟善是從」「誠為名實相副」；又在仙道月報（第十三期）刊登之論濟一子傅金銓先生批注各書篇末按語中云「方内散人，原籍江西南昌，與黄邃之君誼屬同鄉，而又同道。清朝光緒時代，廣東香山鄭陶齋君，曾授業於方内散人之門。方内全家，皆篤信儒釋兩教，而於仙道無緣，故其自己著作，亦止署别號，不用眞姓名，蓋免為反對者所詬病也」。

二　通一齋四種由三教宗旨、南北合參、道情十詠、閒情雜著組成。三教宗旨、道情十詠兩卷均題署「南昌貞一居士鑒定、方内散人著，西昌後學夏敬莊校刊、熊兆璜校字」，南北合參題署「南昌方內散人著，同門友趙本誠編輯，門下士夏敬莊參校、饒合萃手錄、熊合師校字」，閒情雜著題署「南昌貞一居士鑒定、方內散人著，西昌後學夏敬莊輯刊、熊兆璜校字」。

三　本書有「光緒癸卯仲夏鋟西昌夏尊德堂藏板」行世，然數量較少，今日甚難見到。臺北自由出版社印行之南北合參法要一書，內容以通一齋四種之南北合參為主，兼錄了三教宗旨與閒情雜著的部分內容，道情十詠未錄。道情十詠曾在揚善半月刊連載，陳攖甯先生並為部分篇章加了按語。

四　本書乃愚從他處鈔錄尊德堂本而來，無有參校本。鈔錄歷時兩個多月，其間錯漏或許難免，只有待他日尋得善本再行修正。

五　本書整理過程中，得到了龍靈先生、張莉瓊女士、劉坤明先生的支持，在此謹致以衷心的謝意。並感謝心一堂出版社對此書出版的支持與幫助。

己丑年仲秋日蒲團子於存眞書齋

目錄

通一齋四種

道情十詠……（八一）

附卷……（一三五）

方内散人　著

蒲團子　編訂

通一齋四種

通一齋四種總序一

天生三教，所以救億萬世之人心者也。跡雖不同，所同者願力；教雖不同，所同者性命。三教固一教也，三聖固一聖也，三心固一心也。儒釋道並生一時，鼎峙萬古。孔子見老子則有猶龍之讚，論聖者則有西方之思。雖至聖之謙光，盛德無我之見存，亦足見志同而道合矣。顧後儒紛紛聚訟，輒斥二氏為異端，卽聖人復起且難解紛，吾獨且奈何哉？庸詎知二氏有二氏之異端，吾儒有吾儒之異端。吾儒斥二氏為異端，又安知二氏不斥吾儒為異端乎？

夫三家立教，有權有實，有體有用，有精有粗，有本有末，有頓有漸。儒有文、行、忠、信之四教，釋有宗、教、律、淨、密之五宗，道有天地人三元、南北之兩派，入門雖殊，成功則一。孔子曰「吾道一以貫之」，佛祖曰「惟此一事實，餘二俱非眞」，道祖曰「得其一，萬事畢」。夫道，「一」而已矣。言惡乎爭，而有同異；道惡乎辨，而啟是非；教惡乎裂，而分門户；則執一者之過也。而惟達者知通為一既已為一矣。且得有言乎既已謂之一矣，且得無言乎卽權卽實、卽體卽用、卽粗卽精、卽本卽末、卽頓卽漸。破其藩籬，入其堂奧，彼終其身於一教之中者，可以淑身，可以淑世，可以出生死，可以了性命，奚必一一而窮之以自惑亂其心也哉？然而自為則善矣，苟著書立說，救世度人，則又膠膠然而識不圓融，鑿鑿然而語不透闢，此道之所以虧也。道之所以虧，行之所以隘也。

吾弟方内散人，弱冠多病，久視死生猶旦暮，慨然有出世之志，每謂不通三教不足窺大道之全。求之儒不得，求之釋不得，求之道而仍不得。於是遊江海，涉山川，凡遇高人異士，悉虛心參訪。其於學、庸、周易，濂、洛、關、閩之書，與夫道藏内典，靡不博覽而窮研。矻矻半生，不遺餘力，久乃有以匯其通而曰：道其一也夫，道其一也夫。

壬寅春，友人邀遊滬上。閉關養靜，靈慧漸啟，閒情歌詠，直抒心得，下筆萬言，不煩思索。不數月而成帙，每郵寄於余，俾相商定。而同學者見之，僉謂其言詳人所畧，足以補偏而救敝，解惑而破愚，宜亟付手民，以傳不朽。時有棲碧寄生，精進於道，獨任剞劂之資，且彙其詩歌論說分為四種。方内每遜謝不遑。余見其性情流露汩汩乎來，其所著一切，動中肯綮，類非方内平日所能。惟予自愧講學數十年，望道未見，更何能贅一辭哉？抑思吾江理學如金谿三陸，文學如寧都三魏、梭山善伯，言論丰采嘗傾倒於象山冰叔而為私，則予於方内融會三教之作為舉世不可少之文，安忍秘而勿宣，而不勸其公諸世乎？況吾家書香，世守忠厚，留貽祖宗培植之遠，父母善慶之餘，子孫縱不能恢宏事業，光大門間，而有一二明道者出，為之挽回人心，維持三教，未始非前積累所致耳。

吾願方內，從此蒸蒸日上，惟一惟精，斯其造就曷可量也。方內勉乎哉！

光緒二十九年上元日貞一居士識於退藏密室

通一齋四種總序二

悲夫！微與斯道之晦盲否塞也。一蔽於瞀儒之掊擊，再蔽於信士之膠執，三蔽於邪師之依附。有此三大蔽，而黃老以來相傳之道，幾如陰霾四塞，沈悶而莫覩天日。吾師方內先生惄然憂之。

先生弱冠習舉子業，有聲黌序，而篤志好道，內典丹經靡不研究。時尋繹其尊人所得熊淡庵先生眞傳秘錄，證以師友所談玄要，遂得北派眞傳。自是壹意玄修，功行不懈，垂產藥矣。顧以太夫人多病，曾究心靈、素，而聲名蜚起，親友之求診者門外踵相接；又夙心好善，於各鄉邨設育嬰義渡諸善舉，倡捐募化，人競信從，而凡官紳之議邨各善事，莫不以得先生與名為快。蓋先生之外功於是益進，而內功不免以此稍間焉。幸蒙上蒼垂佑，假以奇緣，獲遇眞師，復得南派正法，益得以參觀互證，融會貫通。於以歎先生好道垂數十年，至此兩派俱得眞訣，方之古仙師，亦不多覯。可見先生之求道甚殷，而天之所以待先生亦至厚矣。近來覓侶求鉛，深憫四方之談道者每誤於三大蔽也。爰著通一齋四種，曰三教宗旨、南北合參、道情十詠、閒情雜著。舉凡儒釋道三教之同源異流，清淨陰陽兩家之同異趣同歸，與夫三峯採戰一切旁門外道之假託誆騙，靡不旁徵曲證，推勘入微。讀者取其書反覆玩味，當恍然於道之所在，不至是丹非素、看朱成碧矣。此其為功於斯道甚大，而其有裨於世道人心豈淺尠哉！

余志道苦晚，雖幸承指示，又以舌耕餬口，未獲朝夕侍從參求旨要。福薄緣慳，良深浩歎。嗚呼！去日苦多，來日苦少，後之得讀是書者，尚其及早修持，毋至老大徒傷也，其庶有當於先生悲憫之心也夫。

門弟子洗心居士敬序

凡例

一　凡三教之書，儒則力闢佛老，宗佛老者又闢儒，互相攻擊，無有已時。由於先入為主，遂至牢不可破。不知三教聖人，同具一副大願力，俱以度世為心，教雖分三，厥旨維一。是書別開生面，獨無此弊。吾師蓋由融會有得，故自不同凡響。

二　養性之書，多忽命理，而談元家往往又畧性宗，惟悟眞外編詳哉言之。後人刻悟眞者，不惟少註，且竟有刪去者，殊可哂也。四種性命雙講，尤重「德」「性」兩端，可謂詳人所畧。

三　道家宗南者斥北，宗北者斥南。吾師參訪卅年，獨得兩家之秘，故其所著，錄於各種丹經外，眞能自樹一幟。

四　丹經多畧外功，先生道情十詠中如悔過、修德、破障諸篇，後學果能熟讀遵行，卽修仙成佛根基。且講修德行善，處處不離性道，尤為有本之學。

五　訓世之作為上根人說法者，則忽中下二乘；為中下人說法者，又忽最上一乘。是篇三根盡攝，作勸戒書讀也可，作性理書讀也可，作丹經讀也可，卽作禪學參亦無不可，不落偏倚，得未曾有。

六　修煉家每闢禪淨二門，不知此亦佛門權法，果能精一不貳，久之久之，亦可了悟性體，來去自由。縱未能萬劫不壞，決可他生完滿，預種福慧。四種中雖不專重於此，然活潑潑地，不落斷常之見，自是高人一著。

七　儒釋兩家，理障禪障在所不免。是篇融貫三家，不分門户，指出教外別傳，均從兩家微言中悟出。學者果能精參學、庸、周易、華嚴、楞嚴，自可印證無疑，不至執一無權，落於邊見。

八　凡訓世之書，貴於理境透澈，卻不重文字語言。然言而無文，行之不遠，如道書十二種、慧命經之類，非不傳眞授實，學者恒以其筆墨淺近，詩歌鄙俗，而厭薄之。是篇文字雅馴，如三卷十詠，語語從性靈流露，不假雕琢，而布局選詞鑄韻，無一字不自然，無一字無來歷，且俱從夾縫著筆，於丹經性理諸書中，別開生面，不但令閱者觸目警心，亦足令學者擊節稱快。

九　著書之意，端在救正人心，引歸正道，故四種首列三教宗旨以補偏救弊，而南北合參次之，道情十詠又次之，以閒情雜著暨問答法語殿焉。其中啟聵振聾，裨益後學，實非淺鮮。學者果參玩有得，方知予非阿好。

十　著書不加圈點註釋，不足以令閱者賞心醒目。四種中註釋，悉依師命：凡四子書為人人所讀，不必復註外，其道藏內典恐初學披覽不多，俱於每句下註明。余自愧淺陋，其中引用亦有未曾經見之書，必面質於師，繙書校閱，不敢率爾下筆，總期作者與讀者心心相印，易於領悟。雖不免貽笑方家，然於初學不無小補云。

西昌後學跛道人夏敬莊謹識

三教宗旨卷一

三教宗旨自序

自古聖賢仙佛，孰非應運而生哉？而其為教也，固皆體天以立極、本心而作則者乎。儒曰忠恕，釋曰慈悲，道曰感應，此三教之大宗旨也。忠恕本於心，慈悲本於心，感應亦莫不本於心。心卽天，天卽道，何必同，何必不同耶。儒之道，推己以及人，仁民而愛物，論語謂「一日克己復禮，天下歸仁焉」，中庸謂「惟天下至誠，為能盡其性；能盡其性者，則能盡人物之性；能盡人物之性，則可以贊化育、參天地」，是卽聖門之運大慈，興大悲，感以心，應於物也；佛無我、人、眾、壽諸相，自度度人，寃親平等，直視萬物為一體，舉凡四生六道，胥欲救度之，雖至忠恕而無忠恕之名，純感應而無感應之跡，其於儒、道，殆一鼻孔同出氣者耳；老之道，曰「慈」、曰「儉」、曰「不敢為天下先」，又曰「聖人無常心，以百姓心為心。和其光，同其塵，剉其鋭，解其紛，歸根復命」，直追「象帝之先」，尤能探忠恕之眞源，體慈悲之至意，夫與儒、釋又安有異者乎？孟子曰「盡其心者知其性也，知其性則知天矣」，華嚴經云「應觀法界性，一切惟心造」。吾無一事違心矣，自無一事違天；吾無一事違天矣，自無一事違道。吾既無一事違道矣，則凡學儒必不背二氏，學二氏抑豈有背於儒者哉？知此意也，儒為經世之法，卽作出世觀也可；二氏為出世之法，卽作為經世觀也亦無不可。自後世是非人我之見存，門户異同之辨起，遂使互相掊擊，無有終窮。入者主，出者奴，而斯道之敗壞決裂至不可問。嗟乎！彼蒼好生之德，神聖在天之靈，固無日不深憫於其際也，是故間生賢哲以挽正之。特立宗旨，出於一時權宜之計，為學者抽釘拔楔，其心亦良苦矣。獨奈何一釘方出，一釘旋入，此楔將去，彼楔復來，於是各守師說，執其成見，逞其勝心，而欲不離經背道者，未之有也。蓋得其宗旨則全波是水，失其宗旨則無水非波。噫！滔滔皆是，莫挽狂瀾，有心人能不悲哉！

壬寅閉關滬瀆，靜室餘閒，爰取諸家之流弊而一一辨之。每篇成，輒郵寄昆季以及同學，思有以質正焉。不意爭相傳錄，謀付手民，顏曰三教宗旨，請余自序以弁厥首。余自顧碌碌半生，於道固茫乎未之見也。仰則愧於天，俯則怍於人，内則疚於心，遠則獲罪於諸聖，近則負慚於師友，言不本諸躬行，安見己是而人非耶？雖然，人之好善，誰不如我，使固執不從，又何以慰諸友救世之心乎？諸友既不以人而廢言，則惟姑隨其意而已。傳之將來，知我罪我，譽我毀我，其又奚容心歟？

癸卯驚蟄日通一齋主人敘於壺園客次

至道不分門户論

是此非彼，入主出奴，非至道也；著相滯形，執守不化，非至道也；守靜而不能應動，非至道也；應動而不能守靜，非至道也；出世而不能入世，非至道也；入世而不能出世，非至道也；修性而不能了命，非至道也；修命而不能盡性，非至道也；自度而不能度人，非至道也；度人而不先自度，非至道也；為儒而不通仙佛之妙，非至道也；守二氏而不參儒教之精，非至道也。至道者，不分門户也。孔子曰「吾道一以貫之」，釋迦曰「惟此一事實，餘二即非眞」，老子曰「得其一，萬事畢」，即三即一，何有異同？自後世門户之見起，各執一家，各守一是，則爭競日生，攻擊日亟：彼亦一是非，此亦一是非；是亦一無窮，非亦一無窮。此莊子齊物論所由作也。

觀孔子，志在老安少懷友信，中庸「惟天下至誠，為能盡其性。能盡其性，則能盡人之性；能盡人之性，則能盡物之性；能盡物之性，則可以參天地之化育」；金剛經云「是法平等，無有高下」，又曰「若卵生，若胎生，若濕生，若化生，若有想，若無想，若非有想非無想，我皆令入無餘涅槃而滅度之。如是滅度無量無數無邊眾生，實無有眾生得滅度者」；老子之道，至大至博，孔子贊其猶龍，西出化胡成佛，垂五千道德以訓世，出三元妙道以度人，而又廣化羣迷，無世不出，抱朴守真，拔人出生死苦海。彼三聖者，願力何其廣大，性量何其恢宏哉！後世拘儒，分門別户，固執不通，輒欲如蜉蝣之撼大樹，鄙二氏為異端，何其愚不自量耶！

曩余嘗謂，不會通三教，不能窺大道之全。今不覺老之將至矣，自愧半生悠忽，歲月蹉跎，如盲人摸象，僅得其形似，又何敢妄談至道，自取罪戾於三聖乎？所幸師友啟迪，天牖厥衷，畧窺一線之微光，不無千慮之一得。今愈信至道不分門户，分門户必非至道也。

近世所見異辭，所聞異辭，何啻千歧萬別，類皆邪宗外道，為三教門中所不容者也。烏足重哉？烏足取哉？

讀書宜知變通說

善讀書者，古人死句都成活句，蓋通其言外之言、意外之意也；不善讀書者，古人活句都成死句，僅知一言為一言、一意為一意也。譬諸藥以治病，名醫對證發方，或救一人之病，或救一時之病，原無定法；而喜執成方者，則謂此方曾經治好大病，人人可服，時時可服，又未免執藥成病矣。身本無病，誤藥而病，何如不藥，反可無病；身縱有病，藥更加病，何如不藥，病反見輕。故尊宿禁人博覽，恐一味穿鑿，徒添門外知見，自己塞真悟也。

昔有一禪師，極不喜人看書，忽一日，自取書看，其徒曰：「和尚何得自看？」師曰：「我看書不過遮眼，若是爾輩，連牛皮也須穿。」余深有味乎斯言。鄙一生懶散，不合時宜，獨愛博涉羣書，而於醫道兩門，尤嗜之若飴。醫則關人性命，非通仙者不能精，今則大有退志矣。至三教典籍，手不釋卷，不覺老之將至，閱歷久而益知宜變通也。

醫且不贅，請以道論。弱冠時閱慧命經、道書十二種、天仙正理等書，執著一身清淨，不知栽接為何事。逢談陰陽家，無論邪正，悉力闢之。因將呂祖指玄篇、三丰節要篇，混作一家看，不知有南宗故也。又執慧命經末後諸條，闢禪闢淨，遂先入為主，逢談禪淨兩家，幾掩耳不欲聞，不知亦為養性金丹也。四十後，留心內典，參訪南宗，久而乃知從前之執一不通。古謂「學與年進」，洵不誣也。五十後稍覺貫通，遂少此病。柳眞身入禪門，目擊僧家不悟慧命，執著一聲佛號、一句話頭，以為絕學，成一腹滿大病，一片苦心為儕輩立一攻下法，自是苦口良藥，對症仙方，但不可執耳。余脚跟未能點地，而眉毛徒然拖地，未能自度，何以度人？而猶嘵嘵不已，究奚益乎？余將守不藥之戒，而不願效牛皮之欲穿也。聊書數語，為後學勸。

說已竟，忽有著短衣窄袖高領客來訪，口談時務，聒聒不休。余牽其袖誚之曰：「觀子之服，聽子之言，眞正絕好時派也。」客對曰：「二十年前，我亦寬袍大袖中人也。昔之美者，今則以為惡矣。不解心眼皆變，今見寬袍大袖者，不但不欲著，且不欲觀矣。若先生之服，不時不古，則為得中。」余曰：「子談時務，卽以時論。方外人仍是寬袍大袖，何以心眼又不變乎？方外，泥古者也，卽近今目為守舊黨；子乃新學黨，專趨時而薄古者也；余則不違時，亦不趨時，非時非古，獨具心眼，大抵所謂自由者歟。」客一哂而退。

「覺」為盡性至訣

儒曰「先覺」，釋曰「圓覺」，道曰「大覺」，三教眞詮，一「覺」字盡之矣。王心齋云「人心本自樂，自將私欲縛。私欲一萌時，良知還自覺。一覺便消除，此心依舊樂」；陳白沙云「人惟覺，便我大而物小，物有盡而我無窮。夫無盡者，微塵六合，瞬息千古，生不知愛，死不知惡，尚何暇銖軒冕而塵金玉耶」；六祖壇經云「煩惱暗宅中，常須生慧日；邪來煩惱至，正來煩惱除，邪正俱不用，清淨至無餘」，又曰「佛法在世間，不離世間覺；離世覓菩提，恰如求兔角」，又謂「邪來之時魔在舍，正見之時佛在堂；性中自見三毒心，卽是魔王來往舍；正見自除三毒心，變魔成佛眞無假」；永嘉禪師云「頓覺了，如來禪，六度萬行體中圓；覺卽了，不施功，一切有為法不同」；道藏有云「念起卽覺，一覺卽化；念起是病，覺卽是藥；不怕念起，只怕覺遲」。此皆三教傳心之語，學者最宜謹記心頭，終身受用不盡。竊歎世人見聲色貨利則覺，見道德仁義則不覺；見色香聲味則覺，見身心性命則不覺；見榮華富貴則覺，見罪業過犯則不覺；醉生夢死，走肉行屍，寶山空回，究與禽獸何異？果能行住坐卧俱在覺中，久而不退，必入聖位。始則寡過知非；繼則抱元守一；終則不覺而覺，覺如不覺，寂照兩忘，愛憎不起，與聖同倫，與天合一矣。

上士一了百當，無難立證圓通、直超彼岸，何須念佛參禪？何事孤修枯坐？何必降龍伏虎？何俟鍊汞求鉛？何性命之不修？何生死之不了？無如貪癡固結，愛慾牽纏，歷劫根苗，積習難返，忽而提起，忽而放下，且提起時少，放下時多，口談頓法，根實庸流，無怪悠悠忽忽虛度一生。學道者如牛毛，成道者如麟角也。靈源大道歌云「只道行禪坐亦禪，聖可如斯凡不然」，卽此之謂歟。所以三教聖人，俱以權法教人漸修漸悟，以至圓頓而後已。

儒家靜存動察，格物致知，無非要人覺天理；佛家修淨參禪，持咒守律，無非要人覺悟眞空；道家保精固神，煉性修命，無非要人覺證先天。「惟此一事實，餘二俱非眞」，「覺」外別無至訣也。

或問曰：「『不識不知，順帝之則』，紫陽謂『見聞知覺法，無一可商量』，子斤斤言『覺』，則又何說？」余曰：「萬物惟人最靈，人而無覺，直同木石耳。凡世人性情乖張，言行放肆，都由自醜不覺，疏於防檢而來。孔子曰：『德之不修，學之不講，聞義不能徙，不善不能改，是吾憂也。』聖人何嘗有此，不過欲覺後覺，特現身說法。憂天下後世不以其憂為憂，其示人之意，至深且切。定觀經云：『但滅動心，不滅照心。』動心，妄心也，妄心卽人心；照心，道心也。子欲存道心，而欲復滅其照心，烏乎可？不聞金剛經有云乎：『不應住色生心，不應住聲香味觸法生心，應無所住，而生其心。』既曰『無所住』，又曰『生其心』，『生心』獨非『住』乎？不知『無所住』者，指根塵而言也；『生其心』者，乃生清淨靈覺之心，卽心經『觀自在』而『行深』『照見』也。覺非識神用事，乃轉識成智之妙旨。如動多逆億，妄逞聰明，是鑿也，非覺也。吾所謂『覺』，正為不識不知之地也。至紫陽外集，專言最上一乘，見聞覺知乃指『聲聞』、『緣覺』二果而言，謂從『聲聞』而入，從『緣覺』而起，不能直見本性，殊非極旨。願善會之，毋以詞害意也。蓋頓法固不能離覺，漸法亦不能離覺。三教眞詮，一『覺』已盡，吾固曰『覺為盡性至訣』也。」

道貴守一論

書曰「惟精惟一，允執厥中」；中庸謂「得一善，則拳拳服膺而弗失之矣」，又曰「擇善而固執之」。學者道理未明之時，雖不妨勤參博訪，廣採窮搜，將此一件大事，看得融會貫通，頭頭是道，便須守一不雜，下手速修，庶不虛度時光，悠忽自誤。譬如東西南北，路途非一，條條可到京師。自己打算走何條路，卽宜立定主見，牢繫草鞋，驀直行去。如忽東忽西，忽南忽北，日在歧路中行，何有到京之日？古人謂：「處處綠楊堪繫馬，家家有路透長安。」路雖多而不走，終是空談；脚雖動而中止，仍是空走。中庸云：「君子遵道而行，半途而廢，吾弗能已矣。」學道之人，總須一步進一步，一層上一層，不到不止，不得不安。此事非難非易，卻要志定心堅。南華老人云：「知道易，行道難；行道易，守道難；守道易，得道難；得道易，忘道難。」至忘道已不易矣，況又要忘無可忘，方為止境乎。余向遺懷，有「行道眾多修道少，出家容易到家難」之句，諸昆季大為擊賞。轉瞬忽又數稔，余於是事稍知門徑，惟日煉心性，靜待機緣。至了命一節，雖確能立竿見影，護法雖逢，又苦丹資不足，無由進步，仍無實際。讀「知道易，行道難」二語，不覺汗流浹背，淚下如雨。願學者各勉之，毋如鄙人之自晝可也。

讀大學中庸兩首章

讀四子書，既已粗知章句大義，便當細玩白文。如專以註解放在心頭，性靈必為其所縛，安有觸處洞然之一日耶？味根匯參諸錄，意義雖精，然卷帙太繁，坊間刻門字畫又小，徒使學者埋頭案上，勞精竭神，一生陷溺章句中，汨没性靈不少。余謂讀聖賢書，第一要玩其首尾，貫通大意；　第二要涵泳白文，字字體會；　第三要返求諸己，驗諸實行，默識心融，方得眞趣。　如乾坤為易之門，上經以「乾」「坤」始，下經以「咸」「恒」始；　坎離為易之用，上經以「坎」「離」終，下經以「旣」「未」終。　中庸從天說起，亦以天終；　書從堯舜說起，以秦誓終。　古人俱寓深義。　況開宗明道之篇，決非苟焉已也。

曩讀大學暨中庸首章，玩味旣久，覺曾子、子思，直是一鼻孔出氣，試詳述之。

大學之道，教中事也；　明德，「天命之謂性」也；　明明德，「率性之謂道」也；　新民，修道之謂教也；　知止而後有定靜，能安慮，卽「道也者，不可須臾離也」之骨格；　致、誠、正、修，卽「戒愼恐懼」、「致中和」之內事；　齊、治、平，卽「天地位，萬物育」氣象矣。　終始本末，又見大本達道，不可顚倒錯亂也。　壹是皆以修身為本，皆聖人深切教人之意，細參細讀，莫不一以貫之矣。　同乎異乎？　願以此言質諸世之講學諸君子。

讀君子有三戒章

此章書人人宜讀，日日宜參，果能終身誦之，則終身受益不盡。　卽證諸二氏之道，莫不若合符節。

儒以智、仁、勇為三達德，佛以殺、盜、淫為三大戒，道以精、炁、神為三寶。子曰「少之時，血氣未定，戒之在色」，知戒色則多智矣，不淫矣，固精也；「其壯也，血氣方剛，戒之在鬭」，知戒鬭則有勇矣，不殺矣，養氣矣；「及其老也，血氣既衰，戒之在得」，知戒得時存仁矣，不盜矣，凝神矣。蓋智由精足，勇由氣充，仁由神定，知一戒則知三戒，知三戒則無不戒矣。

聖人教人，無微不至，尤須得其言外之意。少之時、壯之時、老之時，此特言其常耳，仍須活看。嘗見少年子弟中，精明强幹之人，每有爭利爭名，好貨好勇，遇事錙銖計較，不肯下人，不惟好色，且喜鬭、貪得，如此而不夭折者，寡矣；又見老年人，往往有六七十歲，猶廣蓄姬妾，腎氣强而肝火旺，一觸卽發，毫不可犯，不惟貪得，且兼好色、喜鬭矣。是皆自促其生，而不知精炁神為三寶者也。縱稟賦極强，培植亦厚，何如修身俟命，頤養天年，樂道求眞，自尋歸宿之為愈也乎！

讀孟子魚我所欲章

余弱冠體孱多病，雅志玄門，一切修養之書，無不喜讀。三十後，從豐邑熊敬中夫子游，啟口卽四書易理，融會貫通，動中肯綮，不覺五體投地，拜列門牆。先生亦最愛余，教以細讀孟子，於此章尤三致意焉。歸而沈潛反覆，玩味白文，或高聲朗誦，或默識精參，每讀必二三十遍乃止。久之余味在胸，頗有心得，覺聖賢言語，振聾啟聵，救弊補偏，直為天下後世提醒本心，教人認明眞宰。厥後參訪三教高賢，幸能確有把握，不入歧途者，悉得力於此章。卽遇友人惑入歧徑者，亦以是法醒悟之，皆熊師所賜也。

余觀「所欲有甚於生」兩段，字字棒喝，語語機鋒；末後「是亦不可以已乎，此之謂失其本心」，尤為痛切。世之文官要錢，武官要命，不盡心於王事，不被澤於蒼生，皆是不知「所欲有甚於生，所惡有甚於死」道理。一切只為官室妻妾，所識窮乏得我起見，放不下來，遂失本心而不顧。又道家流弊，貪生者流，往往有男女首初淫液，美其名為「青龍白虎膏」，以為能接命培元。女則稱之為曰先天梅子，嬰之臍帶内水珠則尊之曰金剛子，以至秋石紅鉛，飲人便溺，返經為乳，傷人眞元，採陰補陽，吞吸污穢。種種邪法，難以枚舉，昧者視為至珍，多方索取，不顧聲名，一味貪戀，喪盡本心，可羞可鄙。孰大於是？無他，卽孟子所謂「凡可以得生，可以避患，何不用、何不為也」。孟子當日，不啻照見萬古人心。無論後天渣滓，無益此身，卽稍能培補，亦枝葉未有害，而本實撥耳。至充其類，卽以人食人，亦何不用、何不為也？孟子曰：「始作俑者，其無後乎？」蓋亦深警後世矣。古人謂

「哀莫大於心死」，而身死次之。鄙作辨道詩有「身未長生心便死，福難偶召禍爭羅」，卽指若輩。若輩邪流，縱令於塵世上多活幾年，莫非苟且偷生，久之不受陽誅，必遭陰譴。試觀呂祖集中婁道明一段故事，大可警悟。余眼見此種人，不一而足，無不自詡得計，以為可逃脫生死，以盲引盲，可哀實甚。

昔朱文公晚好參同契，盤桓武夷，與白紫清仙翁特相友善。至其感興之詩，將欲脫屣以從神仙，而復有偷生逆理之懼，公於是大有不慊於心者矣。夫天道天行，非天理耶。陰符經言「觀天之道，執天之行」，而公顧謂之「逆天」，以是知公之意或有所指。而紫清之於公，必未嘗有一言及之也，後世多為公惜。然公確守聖門心法，精靈自在天壤，雖非神仙中人，亦不愧聖賢中人，未始不有鑒於此也。蓋至道只重先天：至虛至無，不落後天形質；至清至淨，不似外道邪淫。參同契云「自然之所為兮，非有邪偽道」是也。長生上乘之法，決非違天逆理、失其本心者可比，學仙者知之。

說未竟，忽有友問，此章書諄諄教誡，固足為天下後世法，而孔子鄉黨，多記聖人保衛身體之言；曾子以「身體髮膚，受之父母，不敢毀傷」，疾時尚召弟子啟視手足，而曰「吾知免夫」；孟子獨看得生死太輕，似與孔、曾矛盾。余曰不然也。孟子看得生死輕，實是看得生死重處。死有重於泰山，死有輕於鴻毛。孟子教人舍生取義，乃不啻長生久視之法。須知人之生死，有「不隨生而存，不隨死而亡」一段大道理，非徒仙佛留形住世、長生不死已也。孔子曰：「朝聞道，夕死可矣。」孔子卻非教人聞道卽死，蓋謂一聞道，則可死可生，雖死亦生也。人苦不聞道耳，聞道有何生死哉？孟子下兩章卽曰「拱抱之桐梓，人苟欲生之，皆知所以養之者。至於身而不知所以養之者，豈愛身不若桐梓哉！弗思甚也」，又接示人之於身也一章。孟子何嘗不教人養身養生之理，只是要人先立乎其大，無以小害大、賤害貴耳。

學者須合下數章參看，乃知孟子一片婆心，自是圓到周密。學聖賢然，學仙佛亦何莫不然哉？「本心」兩字，卽是三教根原，果能隨時隨地，隨事隨人，照顧本心，則於三教之道思過半矣。

讀悟眞外篇

紫陽眞人貫通三教，精曉百家，而其得力金丹外，則尤深於禪學也。讀其自序悟眞篇有云：「老釋以性命學開方便門，教人修種以逃生死。釋氏以空寂為宗，若頓悟圓通，則直超彼岸，如其習漏未盡，則尚徇於有生；老氏以煉養為眞，若得其樞要，則立躋聖位，如其未明本性，則猶滯於幻形。其次，周易有『窮理盡性至命』之辭，魯論有『意必固我』之說，此又仲尼極臻乎性命之奧也。然其說常畧而不至於詳者，何也？蓋欲敘正人倫，施仁義禮智之教，故於無為之道，未嘗顯言，但以命術寓諸易象、法性混諸微言耳。」此一段，余最傾佩，終身識之不敢忘。

早歲讀眞人外集，知其妙而不知其所以妙也。四十後，沈潛内典，凡華嚴、楞嚴、楞伽、金剛、圓覺諸大經，及禪門宗鏡錄、指月錄、御選語錄、五燈會元、佛祖綱目諸家語錄，無不旁搜博採，反覆玩味。久乃知眞人宗說兼通，以禪學始，以禪學終也。

眞人元豐間與劉奉眞之徒廣宣佛法，以「无生」留偈而入寂。焚其蜕，獲舍利千百，大若雞頭實，色皆紺碧，後七年，奉眞到王屋山，復會仙翁如故；又高宗末年，白仙紫清（為眞人四傳弟子）特寄書於眞人，載在集中，猶可攷見；政和中（没後三十餘年），通姓名謁黃尚書仲冕於延平，黃公傳容成之道，且酷嗜爐火，年加耄矣，繼而寓書於黃，敘述其異，非性命雙修，了當虛無者。能若是之神妙耶！

惜後之註悟眞者，不惟不喜讀，又每删去。惟悟元子、知幾子稍加註釋。其實此書無可註，亦不必註也。禪學貴心悟，不尚語言文字，久參自然通達，所謂「無師自然智，惟證乃知難可測」也。

朱子出學、庸於禮記中，附入論、孟，為四子書，其功莫大。國朝世宗憲皇帝，聰明天亶，禪學精通，特封紫陽為大慈圓通禪仙，附入禪籍，而表章之。俾後學遵信是篇，而知眞人深入佛法，不僅精於丹訣也，不當感戴聖德於無窮也哉！

論儒門性理諸書

儒家四書，周易乃正心誠意修身之模範，齊家治國平天下之準繩，盡性至命之絕學，參贊位育之根本也。四書經聖門諸賢記載，諸賢日親炙聖人，確得聖人心傳口授，故可為天下後世法。周易經四大聖人始定，其中天地人物，無奇不有；理數象占，無法不備。奈後人於四書則順口滑讀，而心體神悟者少，非拘定朱註，卽執守講章，便謂聖道具在於是。周易則謂幽隱難稽，為不能解悟之書，惟幼時誦讀一過，後遂無敢過問。夫聖人之書，果令人不可知、不能讀，彼四聖人亦何必作是書以苦人而惑世哉？惟理精義密，非躁心人一時所可領會耳。其在儒門有志之士，問津無自，不得已，從宋儒語錄中討些消息，以作聖學之津梁。固已，不知聖自是聖，賢自是賢，羲文周孔，應運而生，而孔子尤集諸聖之大成，德上配天，生民未有，故吐辭為經，萬世不易。其微言奧義，悉寓於中庸大易之中。有宋名儒輩出，表章聖道，為孔教作干城，誰敢不欽？惟宋去聖太遠，聖學失傳已久，諸賢所造，雖各精粹，而在當日聖門諸弟子中，不過比諸游夏、子貢之徒，各得聖人之一體已耳，未必如顏、曾、思、孟之具體而微也。況惟聖知聖，以一人之心力，欲窮諸古聖之心源，縱使聚精會神，究未必處處恰當，語語恰合也。學者視朱註及諸語錄，直欲上比四書、周易，其可乎？古人謂取法乎上，僅得乎中；棄四書、周易而不精研熟讀，僅以宋儒語錄為根本。宋儒未嘗不講身體力行，而後人徒習成口頭之聖賢，紙上之道學，斥二氏為異端，謂鬼神為烏有，便是絕大本領。自命為聖人之徒，其實不但為孔孟之罪人，亦宋儒之罪人也。然則後之欲學聖者，奈何？必以五經四書為宗，史鑒為輔，而後體諸身心，見諸實踐，庶幾其不差矣乎。

乃若宗程朱者，則以陸王為禪學；宗陸王者，則以程朱為支離。各執己見，各守師傳，爭論不已。無怪乎聖學之愈傳而愈失其眞也。此事半賴名師討論，半須自己貫通。必先將朱陸二家看成一致。陸子尊德性，何嘗不道問學；朱子道問學，何嘗不尊德性。惟能處處融會，始能不惹囂塵，不添障礙。

至理學書，有若性理精義、朱子大全、大學衍義、陸象山集、擊壤集、皇極經世、王陽明集、陳白沙集、居業錄、近思錄、讀書錄、明儒學案、聖學宗傳、儒門語要、持志篇、呻吟語、人譜類記、聖學眞傳等編，諸書具在，學者各自領悟，錄其長而棄其短，採其瑜而剔其瑕，取其精而遺其粗，會其純而除其雜，可也。若諸家之高下，諸語錄之純駁，余又何敢妄論焉。

讀鄧厚庵先生遺書

先生幼而神穎，生有自來。九歲卽知敬天地，慕孔子，朝夕禮聖不輟。父為其講四勿章，示之曰：「此顏子之絕學也。」先生曰：「勿卽勿耳，是誠在我。」父異之。及長，一言一動必衷至聖，事事皆以孔子為依歸，終日欽懍。對越聖賢，有見羹見牆之風；戒愼恐懼，直接愼獨心傳。其教人也，專以結想孔子為宗旨，此卽孟子所謂「子服堯之服，言堯之言，行堯之行，是堯而已矣」，又佛家所謂「念佛憶佛，決定成佛」，同一意旨。自後世徒知尊孔子，而不知親孔子，遂以孔子德配天地，惟帝王及在位者，乃可崇祀。不知惡人齋戒沐浴，亦可祀上帝，況日讀其書而慕其教者乎？譬諸人世經師，學人日親炙之，步亦步，趨亦趨，猶無不欣喜樂教者，何況孔子在天之靈，有不願世人學之慕之者乎。中庸曰「凡有血氣者，莫不尊親」，大學謂「自天子以至於庶人，壹是皆以修身為本」，是孔子何人不當尊親、不當敬慕哉！孟子曰「乃所願則學孔子也」，王文成公曰「箇箇人心有仲尼，自將聞見苦遮迷」，又何嘗以孔子為不能學者耶？彼二氏之徒，尚知尊師，吾儒惟於啟館解館之日，畧一供奉禮拜，餘遂相安無事，何其忘本至是，無怪後世士子，僅知博取科名，雖日讀孔聖之書，究無日不背孔聖之教也。

先生挺生崛起，破除常格，不避謗毀，獨以朝夕奉聖立訓，教人學喫虧，學認錯。凡終日一言一動，必質諸聖人，有一不合聖言聖行者，必向聖前長跪自責。隨在開化，多賢人君子出於其門，下筆動數萬言，生平著書三十餘册，如長江大河，絡繹奔赴，蓋其充實不能自已，盡從性靈流露故也。若四書，若周易，尤多闡發，類皆獨抒心得，無一語拾人牙慧。其為教，不立門户，會通三教，惟罵後儒太過，乃先生救世苦心，語多觸犯時忌，故學者藏以待時，不欲遽出。先生得力於儒釋居多，而於道門稍畧。凡遇丹訣，悉以為後人僞託，此皆大醇小疵。然先生教人大旨，專以養性為宗，殆亦有難兼重其說者歟。

先生之教，一傳於安徽汪守一師，再傳於江西熊敬中師。兩夫子後，自是不得其傳焉。又別傳廣信徐白舫太史。徐與汪同游先生之門，而汪之開化尤勝。徐傳周，其他不可攷。

余早年曾沐熊敬中夫子之教，得讀先生全書，乃知其詳。全書滔滔滾滾，說理如雪亮冰清，惟辨駁處不無糾蔓，令學者不易讀。後有大聖人出，重為刪汰，去其糾纏，存其精粹，自是卓然可傳。近今異教日起，邪說頻興，而漸漸知有尊崇聖教，欲以挽救時趨者，未必非先生開其先也。至後學專談鬼神，不講實行，惟以禮拜持誦，問筊發乩，亂轉河車，為一絕大學問，除先生書外，悉視為異學，禁人觀讀，是則後人之弊，非先生本旨也。凡游數先生門下者，重孝弟，重忠恕，皆粹然有賢者氣象。先生振聾啟聵，一闢理障，獨見廬山眞面，傳之將來，必當大顯。先生其亦孔孟後一聖也歟。

論濟一先生所著諸書

濟一先生，博學也，非絕學也；奇才也，非通才也。其議論雄卓，學問淵深，參求至道，靡術不通（天文、地理、書畫、律呂均通，故云），歷述三教，無書不讀。余閱其九皇經註、一貫眞機、上天梯、天仙正理點睛、頂批參同契、三註悟眞等書，宏深博大，夫何間然。所可惜者，僅曉南宗，未明北派，凡遇清淨，悉指為頑空。不知清靜門中，有頑空，有正法，有景象次第，有火候細微。作用不同，而成功則一。北七祖除馬丹陽外，俱從清靜成就，歷歷可攷，非余一人之私言也。

如點睛一書，強將伍祖扯入栽接中去，直是點金成鐵，豈不冤哉？又以孔子、釋迦，亦須栽接。惡！是何言歟！雖佛門廣大，無法不備，容或有此門徑，而孔子則天縱之聖，一生東西南北，何曾有此大丹財，作如是舉動？況三教聖人，聰明天亶，嶽降崧生，莫非現身說法，應運救世耳，又何須如此舉動耶？老子曰：「兵者不祥之器，聖人不得已而用之。」孔子雖知此理，亦必不行是事。此種言語，誣瀆聖人，可惡孰甚。

紫陽外集，專言最上一乘，為眞人晚著之書，無及命理處，蓋盡人而知之矣。其採珠歌起首四句「貧子衣中珠，本自圓明好。不會自尋求，去數他人寶」，乃引用楞嚴「譬如有人於自衣中繫如意珠，不自覺知，窮露他方，乞食馳走。忽有智者指示其珠，所願從心，致大饒富，方悟神珠非從外得」。陽明示學者詩，有「拋卻自家無盡藏，沿門持鉢效貧兒」，意亦本此。見自身有珠，不必外求也。而濟一先生頂批，則因一「衣」字搭上，竟誤會曰「妻子衣服也」。

又紫陽讀祖英集，有「昨宵被我喚將來，把鼻孔穿拄杖上」之句，而先生則又誤會曰「二句命理神工」。噫！我知之矣，先生特指橐籥鼓琴、天門進氣。不知此是禪理，於此絕無干涉。

至批三註悟眞，註中有引呂祖度珍奴二詞末云「有人問汝甚人傳，但說道先生姓呂」。

祖師當日，不過要珍奴記得授受淵源，別無所指。而先生頂批，則從一「呂」字，又誤會曰「口對口，竅對竅也」。

金丹眞傳修眞入門「理出兩端，有清淨而補者，有陰陽而補者」，語本明白，而先生則又強下斷語曰「信乎？是否？賴有此既漏之身一轉也」。

如此等類，難以枚舉，穿鑿附會，貽笑方家。聞先生得訣歸來，高談雄辯，旁若無人，為族人所不容，乃棄家遠遯。厥後待緣川上，垂四十年。求護法之心太切，了生死之念太殷，著書各種，悉歸一轍，要人深信不疑，從之學道。其心固良苦，而其量殊不宏矣。悟眞篇云：「大藥修之有易難，也知由我亦由天。」吾惟修德煉性以待天緣已耳，至得護與不得護，能了與不能了，皆有天焉，何事棲皇躁急，如韓文公之三上宰相書，急於自售也哉？何況了生死之法，非止一端，奚必專靠栽接？而先生不知也。其能運廣長舌，不避毀謗，層層印證，使後世知有南宗正脈，則先生之功也；其力闢清淨為頑空，印定後人眼目，使不知有北派眞傳，則先生不為無過焉。

先生之書，瑕瑜互見，功過相參，而引用宏富，如數家珍，則非淺學之所能及，吾故曰「博學而非絕學，奇才而非通才」也。余學問淺陋，望塵不及，何敢妄論前賢。但恐其誤後世，不敢不辯。孟子曰：「予豈好辯哉？予不得已也。」亦若是焉耳。知我罪我，固所不辭，明眼人自有會心。願以質諸來者。

西遊衍義非邱祖所作論

西遊衍義，後人以為邱長春所作者，非也。余觀七十一回，行者取金聖娘娘回宮時，忽聽得空中有人叫大聖道「我來也」。行者抬頭觀看，原來是眞人張紫陽。行者上前迎住道：「紫陽眞人何往？」眞人直至殿前，與行者施禮道：「大聖，小仙張伯端拱手。」行者問何由至此，則以取袈裟對。此明係作者特露破綻，示此書為紫陽衣鉢。長春，元時人，由北派清淨成；紫陽，宋時人，由陰陽栽接成：彰彰可攷。元去宋不遠，而西遊則唐時事。又記中所載官名地名，多有明代始見者，豈眞人下筆荒唐若是？不知此正作者特露端倪也。

余閱此書，多年闕疑，後於友人處得見長春弟子李志常所作西遊二卷，記邱事甚詳。其中山川道里之險易，水土風氣之差殊，與夫衣服、飲食、百果、草木、禽蟲之別，粲然靡不畢載。志常蓋侍師西行者也，故誌之甚詳。

國朝錢竹汀先生（大昕），從道藏抄出，亦謂郙俗小說，演唐元奘故事，是明人所作；

蕭山毛大可據輟耕錄以為，出邱祖之手乃郢書燕說。益信古今人有同見也。

但此書雖小說家言，一經山陰悟一子發揮，遂覺妙義紛批，奇趣橫出，令閱者賞心閱目，親切有味。悟一子融通三教，與濟一子同，而見地與筆妙尤過之，其宗南斥北則一也。後又有以大學批註者，直夢語耳，穿鑿附會，不值方家一哂。反不及悟元子專從清淨解，尚有道著處也。爰識之。

修淨土說

淨土法門，至簡至易，三根俱可接引。上根修之為上乘，下根修之亦不失為下乘，乃度人一大慈航也。顧玄門中往往闢之。余幼時觀慧命經，先入為主，極不喜。中年閱諸大乘經典，及修持淨土家數十種，罔不引經據典，切切諄諄，教人念佛往生。言彌陀立四十八願，以度眾生，說有人念佛憶佛，決定成佛，又見見聞聞，凡久修淨土者，臨命終時，神清氣爽，預知時至，雖未能現身成佛，具大神通，而往生極樂，則必有之事也。遂信之無疑。

蓋人知念佛憶佛，則心目中無往非佛，心地自清，意根自淨。心地清，意根淨，自性見矣。自性即是彌陀，彌陀即是自性，更何疑乎？即心即佛，非心非佛，心佛兩忘，莫不在此。

余極喜大彌陀經中「執持名號，一心不亂」及維摩經中「隨其心淨則土亦淨，心垢則土亦垢」、楞嚴經「六根都攝，淨念相繼」六語，實為此家傳心秘訣。上士或虔修淨業，兼參悟上乘禪機，仗他力仍仗自力，不待臨終往生極樂，當下已曰坐在上品蓮臺矣。

或問六祖壇經謂「東方人念佛往生西方，西方人念佛往生何方」，此又何說？要知六祖當日，專講頓法，專接上根，雲棲大師集及省庵語錄、淨土十要中俱再三詳辨之。

玄門宗旨，教人先修命，再了性，借假修眞，免得衰病日侵，煩惱日至。先得長生，後了无生，亦直捷簡易無上秘法。各家宗旨不同，故各執一見，蓋不一則不專也。「惟此一乘法，餘二即非眞」，諸書莫不引此二語，不知者究不解何為一乘法，其實著著無非一乘法也。念佛家又以修金丹為旁門外道，類皆門户一偏之見，學者須善會之，未可死於句下也。

衰老人、孱弱人、貧苦人、鈍根人及婦人女子，不能到處參訪、性命雙修者，是法至妙至穩。他時縱捨身入身，而一點虛靈不昧，亦必種來生福慧。況能斷除三毒，自了眞如，必蒙仙佛接引。見聞甚多，決乎不爽。至於如何起手，如何了手，如何堅信，如何修持，如何效驗，雲棲語錄、省庵語錄、淨土十要三書言之至詳且盡，念佛之士，不可不參觀而熟玩也。餘書頗多，無非一理，毋庸贅及。

參話頭說

僧家以參一句話頭為參禪，其實參禪不僅此義也。攷「參話頭」之法，起於六祖以後，其法云何？卽經所謂「繫心一處，無事不辦，片時不在，如同死人」，儒家所謂「念茲在茲，釋茲在茲，名言茲在茲，允出茲在茲」及「君子無終食之閒違仁，造次必於是，顚沛必於是。道也者，不可須臾離也，可離非道也」，同一意旨。古人以一無意味語，教人種在八識田中，一日不透一日參，一月不透一月參，一年不透一年參，今生不透來生參，永無退失，永無改變。俟工窮力極，自然時至理彰，命根斷，本來面目現，不疑生死，不疑古今，不疑佛祖，不疑自己，不墮阬落塹，不强作主宰，不認識神，不陷空豁。又須多參宗匠，入其鉗鍾，受其煆煉，啟大疑情，庶易開悟（其法禪關策進言之最詳，茲但畧節其語以備一格）。至開悟之遲早，視人用功之惰勤，根器之利鈍，有七日、十日、半月、一月而悟者，有三年五載、十年八年而悟者，有二三十年而悟者，有終身而不悟者。而眞參之士，則惟知抱定話頭，而有所不問也。此亦為佛門明心見性之一法，與念佛同是一箇道理。念佛是仗他力，而信之堅，行之篤，究竟須仗自力；參禪是仗自力，而賴師友之提攜，名宿之印證，究竟仍須仗他力。念佛貴信力堅，參禪貴疑情起。一句佛，當作話頭看，淨卽禪也；一句話頭，當作佛看，禪卽淨也。佛語云「空拳哄小兒，誘度於一切」，昔宋楊傑作辭世頌曰「生亦無可戀，死亦無可捨，太虛空中，之乎也者，將錯就錯，西方極樂」，又中峯本禪師參禪百詠有云「參到無可參，直知禪亦戲」。吾於此中大得其三昧矣。一則曰之乎也者，一則曰禪亦戲，無非因這箇識神不易死，死而不易盡，故佛門借此權法誘度一切，莫非黃葉空拳以止兒啼耳。然使後學知其為黃葉，為空拳，為之乎也者，為戲法，為誘度，夫誰信之？夫誰行之？夫誰守之乎？佛所謂「不可說，不可說」者，此也。一經道破，罪過罪過，南無法，南無僧，某某速請懺悔，乞勿入地獄如射箭也。

末以戲言作結，非眞非假，頗有言外意味。參之。

神仙四等淺說

古人謂學仙有五種，天仙、地仙、列仙、人仙、鬼仙固已。楞嚴十種飛仙，報盡還墜，皆非大覺金仙也，茲不具論，吾只分四等焉。

天上地下，理無兩般，書謂「天視自我民視，天聽自我民聽」，可以悟矣。世間仕途，有從科甲中而來者，有從捐納中而來者，有從保舉中而來者，有從蔭襲中而來者，天上神仙，何獨不然？譬諸苦煉勤修，學道參禪，性命雙了，人法雙忘，此則正途出身也；捨大丹財，為師護道，或仗義疏財，廣種陰德，不求果報，無志福緣，德達上蒼，聖眞接引，此則捐納出身也；忠臣義士，孝子純儒，烈婦貞女，正氣常存，萬古不朽，臨終天賜神丹，立地成佛，與久經修煉者同，是殆特保卓異者耳；至若靈根夙慧，不昧本因，今生道功圓滿，或發願救度眾生，或因過下謫塵世，功行完滿，仍還本位，則又如蔭襲一途也。

為仙為佛，大畧不外此四門，證諸古今，印諸經典，歷歷可攷，非臆說也。人間不拘資格，天上又何拘資格哉？出身各異，成功皆同，路徑甚寬，不限一格，願與學者其共勉旃。

煉己有兩說不同論

北派之煉己，卽儒家之克己也，去其己之私欲，化其己之氣質，隨時煅煉，隨地陶鎔，韜光養晦，養性存心，遇事不動不搖，處境不憂不惑，還虛以前始終不可離者也。

南派煉己，則大不同。丹經云「還丹最易，煉己最難」，此箇煉己，指對境忘情而言，別有作用，故金丹眞傳列在第四節工夫。余向未得此家眞傳，見此書而非笑之曰：「道門何時不要煉己？豈獨得藥結丹之後乎？此偽說也，不足信。」今乃知其所以然矣。此理未經前人道破，學者多混作一家看。世之未得師傳者，一聞鄙說，必如余曩日以為非，則是固執不通，適以自誤已耳。三丰祖玄要篇謂：「築基時，先明槖籥；煉己熟，可用眞鉛。」用眞鉛，指大還丹也；煉己熟，指還丹以前有此一節也。南派煉己，卽金水鑄劍（正法鑄劍與偽法鑄劍不同，取氣不取質也），煉汞成砂，法用九六，火用既未，得栽接秘傳者自知。余但說明其理，至天機則不敢妄洩也。

參同契之「內以養己，安靜虛無」，卽北派煉己之意，而與南派煉己，大有分別，學者其細思之。

煉性辨

煉性也者，合動靜內外之道也。世之邪師，謂必專於女色中，行火裏栽蓮之法，覺非此不足以言煉性，大誤大誤！攷古之仙佛中，未嘗無此理，而非貪著其事也。

昔二祖每日行於滛房酒肆中，人誚之曰：「和尚何得至此？」曰：「我自調心，何關彼事？」禪家謂「跳出迷津，解開布袋，手把豬頭，口持淨戒，入淨入穢，如意自在」；呂祖敲爻歌曰「也飲酒，也食肉，守定煙花斷滛慾」，又云「花街柳巷覓眞人，眞人只在花街玩」與夫「不破戒，不犯滛，破戒眞如性卽沈，犯滛喪失長生寶，得者須由道力人」。今人固喜覓花街柳巷矣，試問果有道力能不破戒、不犯滛，能如眞金不怕火否？若是無眞操守，見火卽便銷鎔。名為調心，實是亂心；名為煉性，實是迷性。其可乎？其不可乎？古人必先到如意自在之境，可以入佛，可以入魔，方可去得。

三丰祖師詩曰：「昨日因小事，誤入麗春院，時時降意馬，刻刻鎖心猿。晝夜無眠，煉己功無間。」夫以三丰之高眞，內丹早成，尚曰時刻降鎖馬猿，而後學煉心未純，敢誇大口而謂心不妄動哉？心旣妄動，元精卽漓。老聖曰：「不見可欲，其心不亂。」何必以身入虎口刀頭，而輕一試乎？

竊見邪師輒引古人煉性為口實，始則勉强可以支持，久則不顧指摘，肆無忌憚，一切非禮邪緣，無不凑合，勢所必至，因此而陷入地獄者，往往有之。縱有時愧悔，而道心不敵人心，又復自寬自恕，只貪一時愛慾，不顧半世修行，罪障孰大於是？吾願學人於此一事，守身如玉，防意如城。有則痛自悔悟，無則益勉功修。戰戰兢兢，常存戒懼，活活潑潑，毫不滯黏。非謂花天酒地便不可到，但勿執著此言，謂捨此不足以煉性也。吾人舉足動念，出言行事，與人接物，何莫非煉性之所？其勿專信邪師之言，自誤潛修也。

鑄劍辨

凡經言鑄劍有數義：有神劍，有法劍，南宮列仙所煉者是也；有慧劍，象心中一點眞知靈覺是也。茲不具論。南宗煉己，本有鑄劍之法，又指身中靈劍也。本見於呂祖指玄、三丰祖節要、紫陽祖悟眞等篇，俱是正法，無可疑也。余讀陸眞破邪篇，有闢開關鑄劍一條。夫開關也，鑄劍也，何書蔑有？初不識其意所在，頗疑焉。近參訪日久，始悟魚目混珠，眞偽各別。試詳辨之。

正法則始終無入爐之事，不過於金水平分之時，既未兩進，煉汞成砂，蓋鑄以金則剛，鑄以水則柔，久之曲直隨心，取捨如意，呼之立應，神氣交而非形體交也；偽法則矯揉造作，下手卽入爐鑄煉，謂借此可以開關，帶水拖泥，雖非採戰，實與採戰暗同。邪師動引孫教鸞眞人「交以不交」語以為引證，不知「交以不交」直頂上文「神交體不交，氣交形不交」

二句來，意謂名雖曰交，實是不交，乃不交之交，非謂交如不交也。細玩「以」字神理，實比「與」字不同。偽法强將「以」字認作「與」字看，未免大誤。

常聞邪師動以聖凡兩全惑人，且亦用敲竹鼓琴名目，力辨非是採戰。入藥鏡云：「水鄉鉛，只一味。是性命，非神氣。」神氣尚不是，況非神氣乎？天上豈有污濁之神仙？就令保得不漏，幻形稍固，而一點陰精積久不化，亦必別生疾病，或死吐白膏，必然之理。況大不利於彼家，自傷天理乎。此種人往往揚揚得意，誇為得不死仙基，廣迷後學。又恃有鑄劍一法，不求至道，久無不敗。學者一聞其說，既可修仙，又可作樂，殊覺娓娓動聽。每有無力置鼎之徒，必多方鉤致，設盡邪謀，未有不遭天譴者也。我見實多，最宜痛戒。大抵此種法門，皆出彭祖。知幾子悟眞約註，極其精詳，本為欽佩，惟提要中雜引此法，邪正不分，不無白玉之玷；又以按摩導引，美其名曰大小周天，皆偽法也。惟陶存存五種，則擇精語詳，直謂張氏節要為後人偽造，不足深信。吾無間然，後人宜自知棄取，方不自誤誤人，而於大道有望也。

訪道論

門人問曰　聞之「直心是道場」，何必訪？「平常心是道」，何必訪？「道不外日用倫常」，何必訪？「道不越身心家國」，又何必訪？敢問焉。

余應之曰　子之所謂不必訪者，性也，而非命也。性由自悟，命假師傳，古人已先我言之矣。命本儒釋所自有，而惟儒釋為失傳，聖人微言，盡寓周易。乾卦曰「各正性命」，鼎之大象曰「風火鼎，君子以正位凝命」，說卦曰「將以順性命之理，盡變化之道也」，又曰「窮理盡性以至於命」，無不性命並重。儒自孔孟後，失傳已久，呂純陽祖師得鍾離權祖師親授，呂祖唐時人，先於宋儒成道，後作指玄篇以度世，有曰「伏羲傳道至於今，窮理盡性至於命」，又曰「修性不修命，此是修行第一病；只修祖性不修丹，萬劫陰靈難入聖」，何等明白顯露？宋儒執著「天命之謂性」一句，遂謂性卽命，命卽性，性盡卽是至命。不玩「以」「至」「於」三字神理，分明是三層，說成兩事，不亦寃哉？此理惟周、邵二賢知之，顧不欲顯言。周子作太極圖說，邵子有先天吟、冬至吟、天根月窟吟，俱隱寓命理，皆得自教外別傳。周子得之僧壽涯，後人謂為神悟，非也。邵子之傳，授自李之才挺之，其源實出陳希夷。邵師事李時，李性情褊急，康節虛心下氣，久乃盡得其傳。釋家自六祖後，單傳性，故六祖云「日後明道者多，行道者少；修道者多，成道者少」。可見此事至尊至貴，三教高人，無不得諸秘授，誓非其人不敢洩。蓋實天地之機緘，陰陽之樞紐，上天所重，鬼神所欽，非苦參堅訪，何能與聞？後儒不達命理，故謬言河洛為無道理，疑先天圓圖非出伏羲，以至疑中庸非子思所作者有之，批駁邵子者有之。自己不能理會，遂妄逞臆說，適為有識者所笑。

文公沈潛章句，一生著述過勞，晚年衰病漸侵，又見邵子了然來去，漸悟有如是事，特作調息箴以示人。又與蔡西山參訂參同契，謂邵子之學出於希夷，希夷之傳出於是書，自云「道中不涉他書」，又云「此書文章頗好，心中了了，苦無下手處。粗知大義，而不得其作料孔穴」。時與武夷白紫清眞人往來，欲討此中消息。明儒胡敬齋，反謂朱子不該作此箴與讀參同契，貽後人以口實，謂朱子為暮氣，為怕死起見。何其氣量不宏、拘泥不化也！夫以文公一代大儒，晚年著述，亦徧傳於世，而猶如是之虛己，豈庸流所能及哉？

此道或流於方外，或秘自儒家，或密存釋教，歷攷不爽。惟偽法旁門，不一而足。學者未經參訪之前，必熟讀周易、參同、太極圖說以及一切大乘經典、諸大道藏，又須自己知所折衷，印證今古，方有實在把握。否則，以盲引盲，終身陷溺迷途，致墮落而不覺，反不如專以養性為宗，尚不失潔淨精微，省卻多少煩惱貪妄也。古云：「是道則進，非道則退。」昔軒轅訪七十二師，善財童子五十三參，李太白訪三十餘師，方明正道，豈不難哉？然能心堅志定，自然感格天心，獲遇至人指點。

鄙人半生來，孶孶矻矻，為此一件大事，旦夕不去諸懷，乃知此中甘苦。果係眞師，必少江湖習氣，定然器識深沈，或有未及修成，夙緣易遇。間亦有性情孤僻者，我惟一點至誠，求聞是道，他何論焉！總要句句與易理丹經若合符節，於清淨不落頑空，於陰陽毫無沾染，則近是矣。

近今外間傳道之士，稍記幾句丹經，抄刻幾本道典，便侈然自大，受人禮拜，騙人財物，憑著兩片皮，說得天花亂墜，「我是某仙降傳，某仙夢授」，一味虛誇，大半惑世誣民，終必自招魔障。此種人不可救藥，我見實多，不屑指摘，願學者其自知之。

訪護法論

古之仙佛，如淮南王、張天師、許旌陽、吕純陽、張三丰諸祖，皆三元俱得，先煉地元起手，故濟貧有資，助道有力。後人貪妄太重，故高眞秘而不傳，僅以人元大丹度世，教人訪求大護，彼助我財，我施彼法，法財兩用，或護師成道，或隨師入室。陶眞人五種云：「悟眞之士，乃出世大事因緣，非慈悲利物、陰德濟人之士，則萬世難遇。但有法患無財，有財患無侶，有侶患無地。石祖囑薛祖云：『疾往通都大邑，依有力者共圖之。』以故棄僧伽黎，幅巾縫掖，和光同塵，得張環衛以了大事。他如張祖之得馬處厚，王祖之得馬丹陽，伍達靈之得張程二友，王沖熙之得富韓公，張三丰之得沈萬山，李長源之得筠陽親舊，咸底厥成。可見入室用功，在內必得同心伴侶，為之維持；在外必得有力外護，為之保障。而又有馴順黃婆，以調劑其間，乃得專心修煉，事事應心。嗟嗟！知希之貴，老聖早已傷之，非有子期，孰賞高山流水之音乎？」余尤謂護法之難，不惟其財惟其德，不惟其德而惟其財德之兩全。倘德不肫肫，縱使家財優足，或始勤終懈、半途而廢者有之，或慳財惜寶、暗竊道妙者有之。故人謂「君擇臣，臣亦擇君」也。

今之世，徧地皆訪護法者也。一知半解之徒，東奔西竄，問其何事，僉曰訪護法。究竟無法可護，自己還須訪法，自己還須法護，豈不大可鄙哉？要知為師者就令得法聞道，尚宜事事反躬克己，不予人以可窺之隙；而為護法者，又必事事為師重道，不令師有半點之難，如水乳之交融，如膠漆之相得，庶大事無不成矣。所以，三丰祖師烹煎爐火，兩次不成，及沈萬山至欲鬻女，始出靈藥點化，其助道之心何其堅！傳道之心又何其慎耶！

今人一見富貴，便覺心醉，不問其有德無德，而惟蠻誘其入門，强扯其學道，往往凶終隙末，兩無所成，貽人笑柄，自敗乃事，是誰之過歟？顧世之為師者，尚其知所自重焉。

平等非平權說

金剛經云：「是法平等，無有高下。」佛家命脈，只此一句足以盡之。一部金剛經，說來說去，俱是發明這箇道理，所謂「知一切法無我，得成於忍」是也。不料正學日衰，邪說橫起，近有一班新學人物，動說平權本於佛氏平等。初聞其說，似亦近是。及細觀時賢著作，斤斤焉曰平權，曰自由，曰自强，曰報復，力闢三綱，不重五常。夫聖賢仙佛之道，豈外去私？今則明教人要營私，要重利，其相去奚啻億萬里耶！凡稍有聰明才智子弟，一旦惑聞其說，人云亦云，不覺習與俱化，一啟口不是自由卽是興利，不是變法卽是平權，毁謗時政，聒聒不休，不顧父兄師友之在側，老成宿學之在前，儼若滿腹經綸，絕大學問，旁若無人，毫不知恥。其在變法自强，自是有國有位之事，至人人自由平權，則成一肆無忌憚之世界矣。佛祖之教，重在無我、無人、無眾生、無壽者諸相，其視萬物為一體，實與吾儒同胞同與，成己成物，初無二致。今之所謂平權自由者，則謂君父不足重，國變不足畏，祖宗不足法，人言不足恤。惟知有一我，直是無君無父，無法無天。平等平權，同耶異耶？吾恐傳之將來，無非造成一班亂黨。「平等」二字，近思錄註暨先儒諸家語錄，尚有謂「愛無差等，與儒門不合」者矣，況平權之說哉！余不知時務，作書宗旨，亦不在是。惟習聞此言，太覺逆耳，未免狎大人、侮聖人之言，如小人不知天命而不畏也。可傷哉！可痛哉！

儒家宜熟讀諸篇

文以載道，凡世間卓然可傳之文，罔不借道以顯。卽風雲月露之詞，果能寓得幾分道妙，便自不同凡響。如邵子「月到天心處，風來水面時，一般清意味，料得少人知」，及朱子觀書有感二絕與「等閒識得東風面，萬紫千紅總是春」等句，一片天機，純從性靈流露而出。儒家四書五經、諸家語錄外，如周子太極圖說，張子西銘，程子定性書，邵子觀物内外篇暨擊壤集中之冬至吟、天根月窟吟、安樂窩吟、恍惚吟，朱子調息箴，眞西山夜氣箴，陽明示學者諸作，劉念臺人極圖說諸篇，王心齋至樂吟，皆明道至文，義精詞粹，千古不磨之作，百讀不厭，卽在諸儒中亦不可多得。學者最宜熟讀，庶不負先賢訓世之至意焉。

佛家宜熟參諸篇

達磨西來，不立文字，究之「不立」兩字，便是文字，不立卽立也。祖師大意，要人直截明心見性，不添障礙。如阿難為佛堂弟，博學多聞，諸大經典，悉出其記載，始由欲漏未除，反成過誤，致受摩登伽女魔障。如果不立文字，不要語言，則一切大乘經典，可以不作，又何以訓後世乎？此意最宜善會。佛門諸經，及各禪師語錄外，如六祖壇經諸偈無一不佳，三祖信心銘皆佛祖心髓，他如寶誌大師大乘讚、十二時頌，永嘉禪師證道歌，石頭禪師之參同契，雲巖之寶鏡三昧，寒山大士詩，石屋禪師及楠堂禪師詩，悟眞外篇，直透禪關，深入佛海，皆明最上一乘。諸語錄中力為搜羅，何能多得。同為天地至文，每焚香讀之，令人撲去俗塵萬斛，心境清涼，非常快樂。學仙學佛之人當作大經參悟可也。

丹經中宜熟讀諸篇

道德、陰符諸書，已敘於了命歌中矣，茲不復贅。他如性命圭旨中之死生說、邪正說、大道說，道書十二種內之三教辨，及方壺外史玄膚論、七破篇，類皆字字珠玉，不可不熟讀而潛玩者也。學者先將各種大道理融會貫通，無論日後看書、訪師、煉道，胸中自有一定把握。一不至為理障所迷，二不至為他歧所惑，三不至執一不化。

鄙人之言，原不足以訓世，惟自問半生辛苦，歷盡多少門徑，走盡多少路途，邵康節先生詩曰「勞多未有收功處，踏盡人間閒路歧」，同一浩歎。願有緣之士，勿以鄙言為河漢，則吾道為不孤，而自己大受益，是則鄙人之志願也夫。

南北合參卷二

南北合參自序

道，一太極也，包天地，貫古今，攝陰陽，統動靜。無方無體，何分南北？無名無象，焉有宗派？顧無方體名象者，道之源；而有南北宗派者，道之流。從流以溯源，卽可窮原而竟委。昔人謂：「上士以道全其形，下士以術延其命。」夫形以道全，則形亦性也；命以術延，則術亦道也。

僕幼失怙，體羸善病，成童時卽作出世想。厥後迭遭逆境，愈悟人壽不常，四大假合，性命外一無可恃者，爰矢志潛修，誓非聖人之書不讀。自是參性理者十年，參丹經者十年，參內典者又十年。半生來，日夕所深究，寢饋而不忘者，惟以尋師訪友了生脱死為切己一大事。光陰迅速，大願未酬，噫！不覺老將至矣。此後作何究竟，純任天緣。前路茫茫，幾至東西不辨、南北莫分矣丁酉冬，有同志者輯余之卮言賸語，欲災梨棗，並以序請。余謂道本無言，惟貴自悟，矧言不見道，又何堪以問世乎？然姑存此篇，以寓執經問難之意。金剛經云：「如來說一合相，卽非一合相。一合相者，卽是不可說。」但凡夫之人貪著其事，請卽以此合參，參諸海內有道之君子也可。

南昌方內散人謹識於洗心退藏之室

三元兩派總論

凡修眞之法，不外三元。何為三元？天元、地元、人元是也。天元神丹，雞犬服之立可飛昇，非大根大器、仙佛應世者，匪易遇也；地元靈丹，可以點化黃白，仙人秘重，世無眞傳，又必德足配天者煉之始成，若世之講爐火者，半皆騙局；人元大丹，則分兩派，南北是也（丹經有以清淨為天元、服食為地元、陰陽為人元者，非。此說本陸潛虛金丹就正篇），了當生死，莫切於此，凡修眞者，只要立志堅定，隨時培德煉性，下氣虛心，徧訪名師，力求指引，久之自有感應，然必先明南北二宗，參訪丹經玄理，始有把握，否則易入歧途，一落旁門，徒荒歲月，且入淫污，必墮惡道，以求仙好道之心，獲畜生地獄之報，殊可慘也。僕好斯事已三十餘載，虛擲居諸，自慚望道未見，幸尚識徑途，未蒙誑惑焉。因偶錄道派，願為修行君子指一門路，免受迷惑焉。

蓋北宗專主清淨，龍門一派是也。內中藥物火符、過關服食、結胎脱胎，了當虛無之旨，步步皆有秘密天機，至簡至易，自證自修。如天仙正理、仙佛合宗、道書十二種、金仙證論、慧命經等書，皆是性命雙修的傳，其中口訣，非師不明。既非矯揉造作，亦非寂滅枯修，必須一一明透，乃可成就。但年至衰朽，鉛汞已枯，則非南派不為功。

曷為南派？紫陽眞人所授及馬丹陽所傳一派者是也。專借陰陽栽接，必須備鼎爐琴劍、器皿丹房，方可下手興工，雖年踰百二，亦可接命。其法立竿見影，效神功速，然非巨室大護，易生謗毀。且名師難遇，不動法財，不肯輕說。如三註悟眞、道書五種、指元、元要、金丹眞傳等書，皆此家眞傳。學人先須熟讀，始可尋師。惟近日人心不古，稍展數頁丹經，畧拜一二盲師，便動以師道自任，在外哄騙，或以丹經作口訣，或以偽法為仙傳，邪說異端，比比皆是，深可歎也。不知自誤，反以誤人，深可浩歎。如紅鉛服食、入爐鑄劍，或反經而作蟠桃，或食棗而飲甘露，甚至閨丹採戰，無所不至，類皆地獄種子，切不可信，最宜痛遠。不知陰陽二品大丹，專取先天虛無之氣，見之不用，用之不見，體隔神交，敬之如母，畏之如虎，雖用陰陽，仍然清淨，絕無沾染之事。

夫道有邪正，事有眞偽，素非法眼，將何自而辨之。學人欲究玄功，可熟參參同、悟眞一二載，乃可出而延訪；又須廣積陰德，方可感格天心，獲遇至人指引，再玩丹經，一一迎刃而解矣。二派皆難遇，而南派尤然，由此道非丹財不行，最易生人貪妄之想，學者宜輕財重道，始克有濟。鄙人因訪此派，備歷艱辛，竭盡資斧，深知此中甘苦。又栽接家多斥清淨為難成，此是各家分門別户之見，不可不知，然不必深辨，自知自悟可也。前代仙人專得一家傳授者，著書立說，往往如此，雖賢如三丰，猶不免此，況時師乎？抑知成者不一而足，而講栽接家則謂上德純乾之體始可從清淨修成，餘則必借陰陽乃就，豈識清淨中藥物火候亦是下士以術延命之法，卽自身栽接也。三丰眞人元要篇以及濟一子所著諸書，多中此弊，宜節取之。余非敢妄詆諸賢，輕議諸祖，不過於兩家確識宗旨，竊欲後學勿執一偏，而集厥大成，乃遂余之願望耳。

戊子四月識於快活林中

道派源流

大道淵源始於老子，一傳尹文始（卽關尹子），尹傳麻衣（卽李名和），李傳陳希夷，陳傳火龍眞人，火龍傳張三丰。

按：老子之道，文始派最高，少陽派最大。少陽傳正陽，正陽傳純陽。純陽首傳王重陽，重陽傳邱長春，開北派；純陽又傳劉海蟾，海蟾傳張紫陽，開南派。

再按：文始一派，至麻衣而傳希夷，少陽一派，劉海蟾亦以丹法傳希夷，兩派於斯一滙，是三丰祖師謂為文始派也可，謂為少陽派亦可，特其清風高節，終與麻衣、希夷、火龍相近云。

一傳王少陽（即東華帝君也，名誠，號元甫），王傳正陽帝君（即漢鍾離雲房），鍾傳呂純陽，呂傳劉海蟾，劉傳張紫陽，張傳石杏林，石傳薛道光，薛傳陳泥丸，陳傳白玉蟾，白傳彭鶴林；呂祖又傳王重陽，王傳馬丹陽，馬傳宋德芳，宋傳李雙玉，李傳張紫陽，張傳趙友欽（緣督子），趙傳陳觀吾（即上陽子）。

南五祖張紫陽、石杏林、薛道光、陳泥丸、白玉蟾（本姓葛名長庚）。按張祖又傳劉永年、白傳彭鶴林，合之又為南七眞也。

北七眞邱長春（名處機）、劉長生（名處玄）、譚長眞（名處端）、馬丹陽（名處鈺）、郝廣甯（又號太古）、王玉陽（名處一）、孫清淨（女仙，號不二，丹陽之妻也），皆重陽弟子。按：馬眞究竟是陰陽所成，故另開一支，因同出一門，乃列入北眞中也。

按：海蟾劉操、重陽王嚞為南北二宗之始祖，重陽帝君實受鍾、呂、劉三仙之眞傳，明南北兩派之密旨，故傳邱祖則清淨，傳丹陽則陰陽，然不稱為南派之祖者，以與紫陽眞人同出劉祖一派，其傳丹陽則別分一派也。純陽祖又傳陸潛虛開東派、李涵虛開西派，皆陰陽二品大丹也，皆統於南宗。

龍門正宗百字派

道德通玄靜，眞常守太清；　一陽來復本，合教永圓明。　至理宗誠信，崇高嗣法興；世景榮維懋，希微衍自臨。　為修正仁義，超昇雲會登；　大妙中黃貴，聖體全用功。　虛空乾坤秀，金木性相逢；　山海龍虎交，蓮開現寶新。　行滿丹書詔，月盈祥光生；　萬古續仙號，三界都是親。

小周天火候辨惑論 北派

火候之道，至秘不傳，自古祖祖師師莫不擇大根大器歷久不變者而密授之。所謂候者，候其時之正，候其景之眞，候其有無動靜，候其老嫩浮沈；　火則調藥、採藥、封藥、煉藥、養丹、結胎始終不可離者也。且一時有一時之候，即一時有一時之火，自下手以至撒手，火候不同，固不謂煉精化炁時，一小周天之即為火候也。然而至秘至妙天機，莫過於此。朱晦翁曰「神仙不作參同契，火候工夫那得知」；紫陽眞人曰「縱識朱砂與黑鉛，不知火候也如閒；　大都全藉修持力，毫髮差殊不作丹」，又曰「契論經歌講至眞，不將火候著於文；　要知口訣通玄處，須共神仙仔細論」；陳致虛曰「火候最秘，其妙非可一概而論，中有逐節事條，可不明辨之乎」；李虛庵曰「既得眞陽決志行，若無眞火道難成；　周天煉法須仙授，世人說者有誰眞」；許旌陽曰「二百一十六用在陽時，一百四十四行於陰候」；曹還陽曰「子午卯酉定眞機，顛倒陰陽三百息」；邱祖小周天歌訣云「自子至巳兮六陽用九，三十六息兮採取進升；　自午至亥兮六陰用六，二十四息兮退降煉烹；　卯陽沐浴兮陽火息熄，酉陰沐浴兮陰符宜停」，又云「周天三百兮除卯酉數，三百六十兮連卯酉名，再加五度兮四分之一，以象閏餘兮周大一巡」。合而觀之，則周天之必有文武沐浴、爻銖度數明矣。

余曩沐師恩，秘授此訣，三十年中，密求印證，而未一遇其人，足徵至道難聞，眞師難遇。乙未冬，客有自漢皋來者，抱道自尊，大開教化，引經據典，口若懸河。余始疑為眞師也，及視其所以，觀其所由，大抵非專為道而來者也。又詢周天用六、用九之理，則曰：「九六度數，卦爻斤兩，皆古人之象言，但有升降沐浴，而不用卅六、廿四之呆數也。至斤兩之說，不過言藥物之配合勻稱，而非實有一斤之數也。子不觀『眞火本無候，大藥不計斤』之說乎？又不觀柳華陽金仙證論末後門人問答『名是法不是』四條，與夫天仙正理火候經小註中『此大約言者，本無此數』，又謂『非眞實用此數，但言有如是之理，學者當因粗跡而求妙義』，柳華陽證論小註『三百息』者，實非三百息，皆譬喻辭乎。又不見慧命經六規圖『片時成六候，一刻會源頭』，焉有三百六十息之久為片時事哉？又不見紫陽眞人詩云『此中得意休求象，若究羣爻謾役情；後世迷徒惟泥象，却行卦氣望飛昇』乎？蓋周天者，不過待二候之後，上下升降，自然合乾坤之策、斤兩之數。況卯酉並非沐浴之地，而沐浴乃在子午。丹經一切，盡屬象言。我師吳公已成道矣，我友孫君已還丹矣。子從我游乎？我法至簡至易，今子遇我，可謂至人在前，何猶執迷不悟乎？」

余退而證諸師說，卽多不合，攷諸丹經，則又不符，是誠亂道之巧言，藏拙之遁詞也。越日特啟之曰：「先生前此之繁徵博引，記誦可謂多矣；旁敲側擊，開導可謂切矣。惜乎子之所論，多半臆說，未得師傳，故不足取信於鄙人也。如謂周天只有升降而無度數，不惟與前聖大相刺謬，且正犯前聖之教誡矣。華陽眞人謂『名是訣不是』四條，蓋謂世之人但聞有三十六、二十四與夫二百一十有六、百四十有四之名目，而不知其文武異火，升降異時，沐浴閏餘，爻銖度數，各有定則，一差毫髮，即不成丹，故曰名則是而訣與理與事與火則不是。若概不用九六，則名亦不是矣。末後有云『此道重在師傳，不得眞傳，四俱非矣；果得眞傳，四者皆是。不但四眞，千眞萬聖，俱合此火玄妙，亦可悟矣』。至天仙正理火候歌小註，因說從子至巳，乾爻二百一十有六，除卯沐浴三十六不用，則本無二百一十六，只有一百八十之數；坤爻一百四十四，除酉沐浴二十四不用，亦只有一百二十數。但言『有如此之理，非眞實用此數』者，非眞實一百四十四數，且並非謂全不用一百二十數也。柳華陽謂『三百息實非三百息，皆譬喻語』者，言此中尚有多少法度、升降抽添、文武沐浴，並非虛數三百息，因天機未敢宣洩，乃喻言『三百息』耳。前代祖師一片婆心，劈破旁門，咸歸正道，詎料後人私意穿鑿，即藉此語以為口實而藏其拙，究何能見眞人之本願哉！上品丹法無卦爻之說，已見於伍祖經直論註中，有云『世人見此說，便一概貶有卦爻者為非，不知自己未遇聖眞，尚不知有爻無爻將何所用。蓋小周天者化炁，是有卦爻小成之火；大周天者化神，是無卦爻大成之火，故曰上品』。悟元子門人問曰：眞火本無候，大藥不計斤，若得眞訣，一直修持，如何得差？答曰：眞火本無候，是『不刻時中分子午』也；大藥不計斤，是『工夫不到不方圓』也。不刻時中分子午，進之退之，隨機應變，而非有時節可言矣； 工夫不到不方圓，採之煉之，養炁全神，而非有斤兩之可限。特以金丹大道，至精至微，有吉凶止足、老嫩緩急之分別，不可不謹慎也。伍祖『冬至不須時』註云：『虛比二字，總貫四句。不須時者，不用天邊十二之時，而用心中默運十二之時而虛比也。』若火候中無十二時，則慧命經六規圖亦屬虛畫。陳泥丸曰『天上分明十二辰，人間借作煉丹程； 若言刻漏無憑信，不會玄機藥不成』，金仙證論註云『程者，每時有一定之度數，若不用息數之刻漏，則是旁門外道，而非金丹也。縱能强制升降，亦不能結大藥。既不用周天之度數，又將何物而為周天乎？ 以明明之刻漏而不悟，則愚之甚也。』此段小註，當頭棒喝，何等警切！ 何等痛快！ 今子只言升降便是周天，僅謂之開關展竅可矣，不用刻漏，何能合乾坤之策、奪一年之氣數而符攢年月日於一時之妙用哉？ 金谷野人曰：『周天息數微微數，玉漏寒聲滴滴符。』微微數者，內不迷失眞度也； 滴滴符者，須刻漏暗契爻銖也。至卯酉不用沐浴，但子午則用沐浴，尤為門外漢。抑知子午中有沐浴，是自然而然。卯在六陽之中，酉在六陰之中，一至其宮，則須洗心滌慮，一意規中，蓋生中有殺，刑中有德，此沐浴之正功也。倘泛言沐浴之理，豈但子午，即各時中皆有沐浴，已見柳華陽證論中，毋庸再贅矣。若言頃刻間行許多事，不知得正傳者，內中自有簡易捷訣。華陽眞人云：『知之者至簡至易，昧之者至繁至難。譬諸鄉人織布者然，臨機之時，手足頭目，上下左右，照顧接送，熟者有自然而然，不知其所以然之妙。』六規圖所謂片時一刻，不過極言合藥之神奇，非言周天之急速也。呂祖云：『一陽初動，中宵漏永。』漏永者，卽『微微數』、『滴滴符』之眞旨也，豈可拘泥片時一刻之語哉！」

客又謂：「九六之說，始於許旌陽，道德、龍虎之中並未見及，至伍、柳兩眞始暢言之。」

余曰：「仙如旌陽，豈非神仙之宗伯？況上古丹經，皆不肯輕洩火候天機，龍虎、道德縱未明言九六，未嘗不言乾坤，言乾坤卽言九六矣。況參同契『晦朔之間』一段中，直指『用九翩翩，為道宗祖』，陶仙註云『魏公借乾元用九，指陳刻中火候之秘訣，其間有抽添進退之妙，沐浴交結之奧，皆可準此以得之。』按契中不言用六者，恐洩全旨也。且言用九而用六自見，陳註謂皆可準此以得之，洵不誣也。玩朔旦為復與春夏據內體二節，又『分兩有數，因而相循。兩弦合其精，乾坤體乃成；二八應一斤，易道正不傾』、『刻漏未過半矣，魚鱗狎鬣起』等語，已渾將升降進退、文武刻漏、藥物斤兩隱括在內，但未得眞傳者，執一家言，牢不可破，則不能領會耳。正陽眞人曰『結丹火候有時刻』，伍祖註『起火於子，行十二時小周天火候』；蕭紫虛曰『乾坤橐籥鼓有數』，伍祖謂『有數，卽乾用九、坤用六之數也』；玉鼎眞人云『入鼎若無刻漏，靈芽不生，時候不正，又何定其斤兩升降哉』，張紫陽云『後世迷徒，惟泥象一絕』，是指世間執著爻象用工者如某日行某卦之呆法，何嘗是闢不刻之時、無爻之卦耶？　小周天卦爻斤兩，要自然契合天度，却非泥象執文者可比，亦非空空升降者所能知也。余閱歷三十年來，見有執著治病之藥書中小訣『一吸便提，息息歸臍，一提便嚥，水火相見』為小周天者矣；　見有不用度數，不須火藥，但後升前降，日夜空轉為小周天者矣；　見有後升於前，前返於後，前後反覆為小周天者矣；　見有私意穿鑿，誤會丹經，進陽火三十六，退陰符二十四，至卯酉二時停火，自謂得火候之秘，而為小周天者矣；　見有由尾閭起子，逐節運氣，積成十二時，而為小周天者矣：　似是而非，似眞實偽，種種旁門，難以枚舉，深歎柳眞『名是訣不是』之言為有見也。　前代祖師，未嘗不肯慈悲顯露，奈天律甚嚴，不敢全洩，所以貴求師指點也。」

客又曰：「洵如子言，則何解於性命圭旨火候說中無上至眞之道？　又何嘗用卦爻斤兩、年月日時者哉？」

余曰：「吁！　子殆一心訪護法，求丹財，專欲勝人，不善看書之故。　子不觀圭旨火候說一篇置在第六節靈胎入鼎長養聖胎之後乎？　此明明大周天之火候，而非小周天之火候也。　若聚火載金中直言火候之法，有文有武，不可一律齊矣，又何疑哉？　子如不棄芻蕘，大道不絕天壤，尚須遠訪眞師，近參消息，方可有成。　否則，不思己錯，又將錯路教人，縱識眞藥，不明眞火，不惟難以結丹，卽結些小丹基，亦非眞正大藥。況子所謂師若友，皆久已還丹而未結胎。自古有早成内丹而後大還丹者矣，如張三丰祖是也。未有已得金液大丹而不懷胎者也。伍祖云『若不煉神則陽神不就，終於尸解而已』，故九轉瓊丹論云『又恐歇氣多時，卽滯陽神變化，如婦人旣受了胎，斷無數十年不產之理』，此正火不眞之明驗也。且子遇不能會悟之處，便概指為象言，自然暗合。兼以畫前之易有何形象？大帽壓人，則是一味無為可矣，又何必講調藥、採藥、煉藥、小周天、大周天乎？紫陽眞人『始於有作』及丹經所云『一切作為皆可廢矣』，古人又何苦造出多少象言以眩人眼目，惑人心思乎？不知丹經雖多譬喻，其中皆有實理可憑，並非虛懸無薄者。子其悟之，毋執前言以自誤誤人也。」

客默然而退，余遂誌之以醒學者。

南宗門户暨火候辨惑續論

北固生問於南通子曰：「讀子小周天火候辨惑論，可謂詳矣。學人反覆尋玩，殊覺巨細畢舉，眞僞攸分，縱未能盡識旨歸，亦可粗明梗概矣。然聞派分南北，不知果合兩家而並論歟？抑就一家而論歟？」

南通子曰：「此專就北派清淨而言，非陰陽之道也。」

北固生曰：「凡物皆有陰陽，清淨之法當亦有之，何必別立一陰陽門戶乎？」

曰：「清淨、陰陽，蓋對待言之。謂清淨中有陰陽則可，謂清淨卽為陰陽則不可；謂陰陽不失清淨則可，謂陰陽卽為清淨則不可。」

曰：「敢問其異？」

曰：「清淨火候，全在一己；陰陽火候，則重彼家。」

曰：「有同乎？」

曰：「一陽初動，氣自虛無，內外不同，功修則一。」

曰：「既重彼家，聞必備器皿丹房、鼎爐琴劍、侶伴黃婆，得非御女採戰之術乎？」

曰：「惡！是何言也？御女採戰，乃地獄種子，至濁至穢之事，而可比於仙道哉？」

曰：「既非御女採戰，用鼎何為？況曰取坎塡離，得毋損傷？似非仁人所用心也。」

曰：「不然也。昔道祖傳授此法，實不得已之苦衷也。人當卦炁破盡，精神已敗，鉛汞將枯，機不應物，則必用陰陽以接補之。雖用陰陽，絕無沾染。其法爰有奇器，必使體隔神交，形離氣洽，敬之如母，畏之如虎。此專為氣血衰微者立一權法也。年富力強之士，自當以清淨為宗，較為簡便，何必走此難路乎？然路雖難而法極妙，立竿見影，效速功神。且用之不見，太璞仍完，於彼無虧，於此有益。若是損人利己，稍涉邪偽，尋常善士猶不屑為，而謂學仙道者為之乎？」

曰：「有徵乎？」

曰：「有。三丰祖無根樹曰『無根樹，花正危，樹老將枯接嫩枝；梅寄柳，桑接梨，人老原來有藥醫。自古神仙栽接法，傳與修眞作樣兒。拜名師，問方兒，下手速修猶太遲』；參同契曰『物無陰陽，違天背元；牝雞自卵，其雛不全』，又曰『同類易施功兮，非種難為巧；自然之所為兮，非有邪偽道』；悟眞篇曰『休施巧偽為功力，認取他家不死方；鼎內旋添延命酒，壺中收取返魂漿』：皆指陰陽栽接也。」

曰：「敢問其綱。」

曰：「弦望晦朔，火藥符信，爻銖斤兩，老嫩浮沈，名目雖繁，『金水』二字盡之矣；烏兔日月，乾坤坎離，水火金木，鉛汞虎龍，比類雖多，『男女』二字盡之矣；顚倒既未，朝暮屯蒙，子午抽添，文武升降，種種譬喻，『九』『六』二字盡之矣。火、藥、候三者，俱不出此數語。」

曰：「敢問其目。」

曰：「已言之矣，何須再贅？」

北固生力請不已。

曰：「請將前代丹經所發洩者，畧一述之。如知幾子有曰『契中言火候者有數種：有鉛中之火，白虎初弦之氣也；有汞中之火，青龍初弦之氣也；有二七之火，白虎首經是也；有周天之火，十月抽添是也；有首尾之武火，煉己温養用之，後天陰火是也；有中間之文火，一符得丹用之，先天陽火是也；有外火，三日出庚，震來受符，天地之和氣是也；有內火，緩處空房，平調勝負，一身之元氣是也；有丁壬妙合之火，以汞投鉛，前二候煉藥用之；有舉水滅火之火，餘四候得藥用之；有未濟之火，火上而水下，順行之常道，求藥用之；有既濟之火，水上而火下，逆行之丹道，合丹用之』，又曰『火與候自不相離，火必應候，候至火亦至，然又須知火候分別處。以候言之，有二七之候，有一年之候，有一月之候，有五日之候，有一時半刻之候；以火言之，有文火，有武火，有水中火，有汞中火，有未濟火，有既濟火，有周天火』，陸註內外該之矣。」

曰：「火候大義，幸聞之矣。不知九六周天與北派亦有同異乎？」

曰：「北派則寅申巳亥，南宗則子午寅戌，其中妙用，各有不同。而卯酉沐浴，其中分合，究自有辨。」

曰：「可得詳言之歟？」

曰：「此中細微至訣，非師不傳，天律至嚴，未敢輕洩。與子所論，天機已露，若再深談，恐獲陰譴。子休矣，吾不復敢言矣。」

北固生唯唯而退。

南北二宗小引

北派南宗，流傳不滅。印證丹經，昭然若揭。作用雖殊，成功則一。前聖篇章，宏深肅括（如陰符、道德、黃庭、參同、悟真等書，無所不包，不落邊際）。後來著述，宗旨多失。拘守一家，難明諸法。是此非彼，門分户別。遂令學人，奴出主入。惟大宗師，貫通鮮執。要知清淨，亦是栽接（北派清淨真傳，大非頑空枯坐及搬運諸家可比，其一己取坎填離返還妙義，亦即自身中栽接之法）。縱曰陰陽，仍完玉潔（南宗秘訣，體隔神交，男不寬衣，女不解帶，仍與清淨一致，迥非御女採戰諸邪術可比）。奉勸志士，矢盟歃血。參訪玄宗，虔求妙術。法財兩用，丹侶速結。共出迷津，同登寶筏。爰託詩章，用傳口訣。

北派九律

煉己　一條坦道走奚疑，克念原為作聖基；立地頂天纔是漢，登山涉水為尋師。功歸四勿心常守，境任千磨志亦持；晝夜影衾期不愧，到時時措自咸宜

調藥　性命雙修是的傳，非無非有悟先天；交融水火調靈藥，和合神情種佛田。自此爐中堪點雪，憑他火裏好栽蓮；時來靜極還生動，藹似春風輭似綿。

煉精　煉精化氣氣方奇，頃刻周天任我為；制汞須逢庚見後，採鉛莫待癸生時。降升律度宜精細，沐浴工夫慮險危；數足抽添還止火，從茲大藥已培基。

還丹　已現三陽大採來，漫愁無路到蓬萊；五龍捧出神咸護，六景潛萌怪盡摧。銀海精光常燦爛，華池金液自瀠洄；靈珠一顆收回後，温養胎元又細培。

結胎　虛心實腹陸行仙，男子懷胎笑輾然；温養中宮無間隔，默調神息自延綿。精華團結常涵一，智慧潛生別有天；從此六通堪疊見，元中之妙妙中元。

脫胎　疊通智慧樂無涯，白雪漫空正此時；遷向上田旋出入，沖開天谷好扶持。三

花聚頂功方足，五氣朝元效可期；誰是臭皮囊解脫，有為之後又無為。

乳哺　乳哺三年始老成，仙胎初出莫遐行；放收有法神宜聚，保護無端念貴誠。厭視形骸妨兩脫，遠追妖怪恐添驚；幾多功力修方到，慎勿貽譏半路傾。

面壁　這場大定最微元，終日如愚不覺仙；無汞無鉛亦無火，忘人忘我且忘天。虛空粉碎形神妙，寂靜靈明性體圓；頓復本來眞面目，直教古佛語同年。

飛昇　圓滿三千德動天，丹書下詔世稱賢；雲衢浩蕩同攜手，塵海蒼茫漫比肩。利物濟人仁怛怛，調元贊化道淵淵；有時跨鶴沖霄去，也慰從前猛着鞭。

南宗九律

築基　功資同類莫猜疑，槖籥開關首築基；賞月拈花須辨鼎，鼓琴敲竹為塡離。爻銖老嫩明眞候，子午抽添補舊虧；下士聞言休大笑，接梨寄柳也應知。

得藥　採鉛制伏此陰精，侶伴黃婆共矢盟；虎嘯山頭潛有應，龍眠海底寂無聲。兩弦配合金和水，七日醺酣死復生；偏體香熏神炁爽，誰知藥採本源清。

結丹　保全精炁養元神，六六宮中別有春；木性金情方戀配，水升火降漫停輪。靈明一顆珠旋朗，烹煉多番汞愈純；　却喜內丹初結就，陰魔退盡已仙人。

煉己　自昔丁甯煉己難，重安爐鼎別開壇；　水金八兩剛柔配，九六周天度數完。布德俟時鉛易採，防危慮險汞方乾；　漸磨儻見砂凝後，更欲殷勤了大丹。

還丹　陽裏先天迥不同，候生黃道判鴻濛；　二分水火機關密，一點金精奪取工。白虎青龍交戰鬬，嬰兒姹女兩和融；　三車運入崑崙去，全賴丁公吶喊功。

温養　温養功夫較謹嚴，屯蒙水火慎抽添；　寅申要識滋生旺，卯酉休忘沐浴潛。晝夜六時防恣肆，朝昏十月戒寒炎；　丹成胎熟須超脱，定有眞身現仰瞻。

脱胎　白雪漫空景自知，中宮温養幾經時；　雷聲忽破天門頂，霞彩爭圍臭袋皮。撫養漸純無滯礙，坐眠隨意任行持；　功成直入天仙列，百萬神兵謹護隨。

玄珠　九年面壁大功完，天上神丹降一丸；　龍女獻珠成佛體，鸞輿拱駕訪仙官。置身蓬島形神妙，俯首塵寰眼界寬；　待到三千功行滿，金書玉簡下雲端。

飛昇　虛空粉碎與天符，羽服飄然着六銖；　丹詔下頒朝玉闕，紫雲遥逐赴瓊都。眾仙同有霓裳詠，萬劫終無墮落虞；　從此飛昇天上去，也教雞犬入雲衢。

邱長春祖師小周天火候歌訣 北派

靜極而動兮，一陽來復； 藥產神知兮，妙訣通靈。 微陽初生兮，嫩而勿採； 藥物堅實兮，十五光盈。 時當急採兮，莫教錯過； 久而望遠兮，採之無成。 炁馳於外兮，神亦馳外； 神返於根兮，炁亦回根。 炁回將盡兮，採封候足； 子時起火兮，須要分明。 如何云火兮，後天呼吸； 如何用火兮，呼降吸升。 用火玄妙兮，如無似有； 行火鼎内兮，息效眞人。 火須有候兮，數息出入； 名曰刻漏兮，用定時辰。 自子至巳兮，六陽用九； 三十六息兮，採取進升。 自午至亥兮，六陰用六； 二十四息兮，退降煉烹。 卯陽沐浴兮，陽火息熄； 酉陰沐浴兮，陰符宜停。 不降不升兮，沐浴景象； 較之大周兮，畧有微形。 周天三百兮，除卯酉數； 三百六十兮，連卯酉名。 再加五度兮，四分之一； 以象閏餘兮，周天一巡。 復歸於靜兮，依然沐浴； 神凝炁穴兮，再候陽生。 行之既久兮，精返為炁； 迴風混合兮，百日功靈。 六般震動兮，七日口訣； 大周功起兮，再問迷津。

此歌字字口訣，向少刊本，由熊淡庵師祖傳出，周天火候已洩十之五六。 内尚有文武火候、爻銖斤兩、沐浴閏餘細微，未敢輕於洩露。 特念後人訪師艱苦，俾知刻漏上應周天，丹訣確有秘傳。 學者熟讀精思，再求明師指點，不難打破此關矣。珍之秘之。

陶存存眞人子午卯酉歌訣 南派

憶我仙翁道法，本是吾家那著；原無子午抽添，豈有兔雞刑德。問吾子在何時，卽是藥生時節；問吾午在何時，不過藥朝金闕。卯時的係何時，紅孩火雲洞烈；若無救苦觀音，大藥必然迸裂：此卽沐浴時辰，過此黃河舟楫。再問酉是何門，不過督同任合；此時若沒黃裳，藥物如何元吉。過此卽為戌庫，請問庫中消息；此是一貫心傳，至道不煩他覓。

此南派內火候也，與前歌作用不同，學者愼毋混視。時師未得眞授，往往誤猜，自誤誤人，不無可歎。是歌雖見於道言五種註中，茲復錄出重刊，附於邱祖小周天歌末，以示南北兩途逈乎不同云。

丁熊二眞人合傳

自古成仙成佛者，必具瑰奇特異之姿，有堅苦卓絕之行，而後天乃以道付之，俾其傳法以救世。非然者，千生罕遇，萬劫難逢，詎能把握陰陽，了當生死，而成無上上道哉！

吾邑丁眞人者，諱訓順，道號紹陽，丁坊人也。生有異稟，智慧過人，丱角授書，即能明大義，若宿記者。性至孝而家赤貧。弱冠課蒙自給，會六月赴縣試，不得志，悒悒歸。村距城數十里，晚涼步月，負囊行蹇，途遇一人，或前或後，相見甚親。曰：「先生將何之？」眞人以歸對。曰：「行李勞勞，可代肩也。」眞人遜不敢，其人強負疾行，眞人奔之。遇石橋，其人置囊橋上，入水沒。慌遽以為遇鬼。亟歸，三鼓抵家，氣喘息不止。驚魂甫定，病魔忽侵。次晨咯血，久竟形骸尫羸，遇小勞即復發。道成，始知所遇實地藏菩薩，自此絕進取之思，有棲眞之想。夜輒秉誠禮斗，年餘，感斗宮眞人降示修眞初訣。又遇售呂祖像者，購懸齋中，奉事維嚴，出入則禱稟，飲食則先獻，如是者十年，精誠上格，忽感下降。其時眞人仍以教授生徒餬口，適學徒頑野，眞人盛怒。門外一唱道情者，檀板音，與夏楚聲相應接。眞人叱之。道者曰：「不聽道情，拜我何為？」遽不見。眞人知為呂祖顯化也，焚香泣悔。後數年，親沒，廬暮荒原，麻衣蔬食，三年無改。常夜分聞異響，啟户諦視，怪祟百出。眞人如如不動，一若無所見者。又一夕聞扣門聲，則祖師自降矣。自是常降，親傳丹訣。復以宿因遇熊淡庵先生為護侶，遂成道焉。中年喪耦，義不再娶，一意修眞，館暇著有悟眞篇註若干卷。當祖師降時，學徒異之。為熊眞道，乃先跪門側而俟，既見祖師，竟體晃漾如水銀狀，而所語了不可聞。

熊亦同邑東壇人，諱希俊。孝友性成，家小康。因多疾而師事丁眞。試初功，病良已，愈信從。凡丁眞有所需，無不先意承志。東壇去丁坊八里許，日往返再四，不憚勞。一夕告歸，丁眞送之門外，遜而後入。熊行二里許，見師徘徊橋上。曰：「師何止耶？夜深請歸。」乃復返送之，望其入村矣，復行。中途有見前立，熊眞慌愕。丁眞曰：「毋疑也，余現三身，卽可千萬億化身也。行將別，子其勉之。」贈之以劍，歸則劍存，失囊所在。叩之。曰：「他日見囊，卽見吾矣。」未久仙去。臨殯，親族咸集，見大黃蝶一，飛舞空際，仆則黃箋書句曰：「一箇蒲團一卷經，空山無伴鬼神欽；夜深燐火飛前後，竟作山中活死人。」化之日，其村鄰有賈於吳鎭者，遇之，問將何往，曰：「廬山。」曰：「何日歸？」曰：「未定也。吾行匆促，吾某姪孫者，明歲某日當有水厄，煩致其父母善視之。又舊襪無所用，煩寄歸。」鄰回則眞人已化七日，其襪卽殯物。某子至期竟戲水死。其神異如此。

初熊眞之遇丁師，年尚壯，師未遽授以法，僅教以徧參博訪。迄無所遇，復求於師。師曰：「廬阜高僧某，道已成，可往叩。」且授以禪偈一首。既至，則僧徒言吾師祖已閉關多年，例不見客。如丁語叩之，忽啟關。遽入拜，僧高坐不答。跪半晌，乃啟微目，如火光射人，喝曰：「爾既得師，何來復叩？」遂歸，不敢再訪。蓋丁眞借此以磨礪之，欲以觀其志之眞切否耳。自是奉師益虔，懇求愈摯，久乃盡得其傳焉。

熊眞一生好學，如天文地理、醫卜星算，靡不精貫，又多得南宮之法。道光時江北大疫，曾以符水拯救數萬人。晚得先君子俊庵公為再傳弟子，道益不墜。間館余家，夜深，先君子每聞師寢室有對談聲，側聽之，了莫辨。翌日叩之，或曰「吾師降」，或曰「祖師降」。與人治病有神效，曾有一難產者，已昏迷數日，時作與鬼語狀，符藥不驗，危甚。迎師，師不暇，告來人曰：「爾歸，抵户，但大呼熊某至矣，保無恙。」其人如其訓，語畢而產。

有喻東旭者，與先君子有舊，見先君之尊師，亦尊之。一日以己身歸宿問，眞人大書「江南無所有，聊寄一枝春」十字與之。後幕於梅筱巖中丞處，幾經歷任，時梅君固未大顯也。又東旭第三子，幼時頑極，管束甚嚴。眞人撫其背曰：「督糧道，無忘紅穀子好。」聞者不解。眞人化去數十年，此子以父餘蓄，遂開張糧食店，乙亥年事也。丙子大水，禾浸無算，鄉人以紅穀可補種，競售之。石易錢八千有奇，獨喻少此物。是其失利，眞人已預知矣。

眞人壽七十三，無疾而逝，葬舉棺如空，其神異一如丁仙，不可殫述。

先君子晚好仙術，實盡得熊眞所傳。惜咸豐初時值多難，盜賊蠭起，當道迫舉辦團，保衛桑梓，未竟厥志。棄養之日，異香滿室，曰：「師來度我也。」嗚呼！余生也晚，莫獲親承法教，又恨少孤多疾，不能如孫汝忠之面承庭訓。猶幸侍先叔碩庵公有年，先叔述兩眞人事蹟，每色喜，終日不厭。余雖自幼私淑兩眞人之遺教，秘守先君子之手澤，參訪卅年，徧求印證，今不覺老之將至矣。悠忽半生，愧不能如兩眞人之專誠精進，又懼後之聞道者，不及知兩眞之刻苦自勵，實有能人所不能者，謹識其始末而為之傳，庶兩眞行詣，不至久而湮没云。

熊敬中夫子傳

先生姓熊，諱準呈，字時達，號敬中，行三，豐城雄莊人。賦性明敏，家世業金，成童卽就賈，三十後遇婺源汪守一師，一見特器之。汪講學豫章，遵昌江鄧厚庵夫子遺教，大開奉聖法門，間用權法接引後學。一時遐邇，翕然嚮風，旋為流俗詬嫉，誣控諸當道，議流廣西。從游者逃散殆盡，獨先生昆季與臨川李公文孫、山西彭公松亭，患難與共。李著草冠芒屩，日送獄飯。彭職千戎，内外經畫，冒險不避。先生挺入獄中，乞身代，汪不許，囑嚴扃一室，杜其再出也。案定，叩請偕行，亦不許，曰：「苟如是，吾道絕矣，爾勉之，毋為余一身憂也。」旦夕哭泣，目盡腫。汪起解之前日，先生竟夕不寐，備裹旅資，大小數十封。次兄來儀公亦豪傑，慨然隨師行。時捻匪正熾，繞道至河南界，師即化去。更命子隨伯扶柩歸，覓佳壤以葬。逢誕辰即虔祭，值佳節必埽墓，奉養師母如己母。師母性嚴厲，能先意承志，得歡心，復為師叔續娶，生子二。以長承師嗣。凡教養嫁娶葬喪事，靡不竭力維持，始終無稍懈。其尊師重道者如此。汪去後，刻意勵行，韜晦者三年，俄大病，同志乞啟館，未允，疾益劇。質諸神，許之，疾旋已。蓋道統所寄天心屬焉。自是忘身忘家，棄萬金如敝屣。雖隨在開化，備嘗艱苦，然神人護法，履險如夷。南城盧公顯耀，尤樂贊助之。所到之處，婦孺咸知欽仰。其在倫常乖舛者，一聆先生訓，必深自愧悔，而孝友和愛如初。

先生之學，純以身教，大致以結想至聖為宗旨，以倫常日用為工夫，以盡人合天為極至。其應事也，從容中道，臨險難而不摇；其誨人也，懇切慈祥，隨機宜而無滯。而敬天尊聖之誠，反身克己之篤，尤為儕輩所不易學。老儒碩彥，自命為道學者，以其來自貿易，每欲攻詰之，迨見其丰采，不數語，輒愧服而退，甚有願師事者。而先生自視欿然，屢辭尊稱不答，餽遺一無所受，蓋不欲以師道自居也。顧學者益眾，上而縉紳士夫，下而農工商賈，稍親炙之，皆依依不忍去。其平易近人如此。間遇病人猝厥不省，往往舉家環泣，以為無治矣，或懇救之，徐步榻前，勸病者如勸釋狀，隨呼曰：「起！起！」旋應聲不藥而愈。然出於不得已，又必先向神卜，乃顯之，不樂常為也。

晚年喜讀易，別有心得，偶然引證，迥出諸家訓詁之外。論學則三教融貫，聞者輒心醉，惜當時無有記載者。先生讀書不多，探其篋，除白文四書、周易兩種外，餘無所有。平日所玩，亦只厚庵先生語錄一册。而當其談論，若源頭活，汩汩乎來，雖胸羅萬卷者不能過之。其神妙莫測，則又如此焉。

壽近古稀，捐館先一二月，命門人將一切乩語焚去，恐後人滯於句下，免滋流弊也。靜中見人呈慟書一卷，忽心動。時太師母高壽猶在堂也，亟歸，不久果棄養。月餘葬畢，備酒筵邀請族老敘別，云將有遠行。僉不解，隨即料理家事，囑其子曰：「吾大事盡矣。」示微疾坐化。吊者盈門，棺首頓瑩然若鏡，空洞如室，現像如生前，笑容可掬，或儒服，或仙裝，隨緣變幻，不一形，但面目同耳。村人嗟異，羅拜恐後，至室不能容。門人楊公穀臣叩禱曰：「先生宗旨極平淡，而人猶目為異學。今天示現若此，其救世之苦心歟。觀者眾矣，乞師歛神。」神光忽隱沒。穀臣親為余述之，及詢師家所見者如一轍。余昔曾列門牆，既不能如先生之事師盡禮，又不能體先生之心、承先生之志，曷足知先生之萬一耶？第恐歷年既久，傳者日失其眞，或徒侈師之神奇，而忘師之踐履，不適貽斯道累乎？爰質取實行，粗識崖畧。至師之廣大精微，得其門者或寡矣，又豈淺學所能盡窺其涯涘者哉！

癸卯二月觀音聖誕日後學南昌方內散人薰沐敬識於省垣客次

道情十詠卷三

道情十詠序

道一而已矣，歧而二之，非道也。夫道若大路然，人人所共由，不可須臾離者也；處處皆可通，不可疆界限者也。三代以前，聖人在上，風俗醇厚，人民質樸，君師一統，上下一心，熙熙皥皥，蔑以加已；周末時衰道微，聖人在下，三教並起，救正人心，異派同源，而師道立矣；秦漢以降，雖代有傳人，而競尚權謀，漸趨澆薄，人心不古，道術日非；至宋，諸儒迭起，聖道賴以維持，然門户之見日開，異同之爭日啟，朱陸兩家已復互相攻擊，遑問其他哉；自是而後，學者半溺於章句，迷於訓詁，騰口說而蔑躬行，有明王文成出，專以致良知為宗，知行並進，為學者鞭闢入裏，不毀二氏，亦不趨二氏，力挽狂瀾，斯道為之一匯。

國朝聖學昌明，關中李二曲先生隨時講學，一洗分門別户之陋，日以悔過自新體認天理，開示後學。聖祖仁皇帝暨世宗憲皇帝聰明天亶，薈萃羣言。仁皇帝聖諭則有「教雖分三，其旨則一」，憲皇帝復有圓明語錄訓世，每謂「殊途同歸，三教一致」。大哉！皇言洵足為萬世法也。

乾嘉道間，復出昌江鄧厚庵先生，因時立教，具費苦心。為學專重「克己去私」，以時時結想至聖為宗旨，痛掃數千年來俗學之障礙。三教同源之旨，天人一貫之微，闡發蓋無遺蘊矣。

乃若仙佛兩宗，則時有隱君子其人者，尤不勝枚舉焉。方内先生髫齡沐丁、熊兩眞人暨父師之遺澤、先叔之教言，厥後復游同郡熊磻隱、熊敬中兩夫子之門，終日講易談元，春風久座。壯歲廢棄科舉，不樂榮華，遊歷山川，偏訪賢哲，半生以來，唯以生死大事是究，殆於三教典籍靡不讀，於諸家宗匠罔不參者歟。久之融會貫通，確有所得，而乃歎「古今無二道，聖人無兩心」也。近見異學爭鳴，正道日晦，杜門謝客，靜養林泉。暇時爰將所得著為歌詠，思欲補救於一時學者。敬由「定志」、「悔過」、「積德」、「破障」、「窮理」諸途循序漸進，日臻於盡性至命還虛之極致。凡希賢希聖之階梯，成仙成佛之門徑，胥於是乎在。

余不敏，為家務塵俗累，愧不能如先生參求之勇銳、造詣之精專。因循躭擱，虛度半生，辜負父叔之遺訓、師友之提撕。每一念及，未嘗不惕惕而難安也。然竊願世之讀是書者，由此而參悟，由此而證修，得其正路，不惑他歧，自知「道不遠人，人自遠道」。傳之後世，並無一切門户異同之見。將見人人福慧雙修，性命各正，而先生之志願庶幾其稍慰也夫。

光緒二十八年（歲次壬寅）孟冬月中澣得一山人弟庸謹識於進修館之南軒

題詞

方内夫子，詠道十歌；繁徵博引，經貫史羅。先求定志，看淡娑婆；固躬守道，止念降魔。改過遷善，譬種嘉禾；心如水止，德媲峯峩。破除障礙，不動干戈；訪窮道理，參悟無訛。集思廣益，積少成多；涓涓不竭，流為江河。各正性命，保合太和；辨別精審，不落臼窠。還虛了當，千古不磨；讀師十詠，執柯伐柯。慈航寶筏，玉律金科；凡我同志，宜共切磋。浮生若夢，歲月如梭；各須修證，毋再磋砣。為求栽接，起我沈疴；訪師卅載，兩鬢全皤。結緣滬瀆，築安樂窩；護師入室，昕夕相過。願力廣大，共效彌陀；尋聲救苦，病無不瘥。聖君在上，恩澤滂沱；地球混一，海不揚波。龍沙大會，戰伏蛟鼉；道成天召，名震中華。我意如此，天意云何；書以冠首，請勿笑呵。

壬寅九月侍鶴山人鄭官應謹題

定志歌

君不見，皮囊幻質非堅固，少壯纔經便遲暮；著鞭猛省快回頭，此身務向今生度。勸世人，先定志，志堅天下無難事；聖賢仙佛總猶人，同此一般口與鼻。有為者，亦若是，吾何畏彼須牢記；世界都因想結成（說本楞嚴），天堂地獄由人做。大丈夫，毋自棄，應識人生本如寄；富貴到頭一局棋，妻兒臨了一場戲。既如夢，又如醉，醉夢醒時毫沒趣；百歲光陰不久長，石火電光看卽逝。識得破，何黏滯，一切放下休回顧；利鎖名韁速打開，愛河慾海急光避。早發心，虔立誓，快快脫却輪迴累；修成仙佛永長生，一失人身為異類。要堅精，休旁騖，一心歸一事方濟；勸君莫踏兩邊船，勸君莫走多歧路。完性命，固神氣，莫待年衰形蠹弊；一口眞氣不回來，便是他生與後世。帶不來，提不去，老病死苦幾多淚；隨緣任運莫貪求，淡飯粗衣聽位置。我今作此定志歌，慧劍常教斬魔魅；但願大眾早思量，但願大眾早算計。識神一死智轉生（佛門有「轉識成智」之說），眼孔大開脚點地（「脚跟點地」見釋典）；他時苦盡忽甘來，神欽鬼敬天心契。或生極樂或生天，或成仙佛或靈異；逍遥快樂永無邊，那時方遂男兒志。

大修行人，先須看淡世情，自立眞志，刻刻以「生死」二字放在心頭，方於大事有濟。如黏皮帶骨，一心想學道，一心又想成家，此則呂祖所笑為「貪癡漢」者也。故將定志列於首章。

悔過歌

雲霧漫天塵掩鏡，鏡失明兮天不淨；撥開雲霧見青天，鏡磨仍復靈光映。靈光映，悟本性，物來順應何悔吝；只因物欲蔽重重，遂使形神交受病。既受病，誰無過，却須打得機關破；但能時自格非心，卽為第一條功課。疏檢點，懈操修，出言行事動招尤；自利自私何日足，結寃結怨幾時休。早懺悔，速改更，譬如昨死今方生；一切問心不去事，焚香頂禮向天盟。向天盟，毋游戲，勤把前言往行識；守口攝意身莫犯，如是修行得度世（二句本梵綱經）。昔顏子，陋巷內，簞食瓢飲樂不改；孔聖嘗將好學稱，不遠之復無只悔。又子夏，能取友，三罪曾受良朋咎；投杖而拜不辭非，連稱吾過索居久。蘧伯玉，辨微危，五十而知四九非；寡過未能常惕惕，使乎一贊古今奇。聞善拜，聞過喜，孟子惟尊子路禹；請觀古往聖賢人，那箇不從悔過起。君不見，廣額屠兒有奇骨，殺業多端殊狂悖，世尊點化忽翻身，屠刀放下立成佛。又不見，佛門有二比邱犯淫殺，泣悔時虞罪增結，維摩大士頓除疑，猶如赫日銷霜雪。又不見，三國時中周義士，曾比蛟龍白額虎，勇猛誓將三患除，希賢勵學傳千古。傳千古，悔過來，洗心滌慮淨靈臺；自此寡尤兼寡悔，從今無害亦無災。無災害，出迷津，切莫安心做小人；小人到底徒自苦，君子隨處樂天眞。我本一生罪障多，今特作此悔過歌；守身如玉防傾跌，回頭是岸敢蹉跎。願化邪淫歸正直，願化傲慢為慈和；願化貪癡為智慧，願化瞋恨禮彌陀；願度蒼生出苦海，願化大眾出洪波。悔過悔過速悔過，莫到臨時喚奈何。悔過能回天地心，悔過不惹鬼神惡，悔過可入聖賢門，悔過漸遊仙佛路，悔過自見世間欽，悔過還起後人慕。過而不悔過斯叢，過而勤悔善日著；更授良方功效確，念起是病覺是藥。聖狂只向念中分，善惡都自心頭作；是眞有志出世人，甘願喫虧甘認錯。喫虧認錯世所希，久久行持受天爵；悔過悔過速悔過，到頭一着眞歡樂。

孔子曰「假我數年，五十以學易，可以無大過焉」，又曰「已矣乎，吾未能見其過，而內自訟者也」，又曰「過而不改，是謂過矣」，又曰「不善不能改，是吾憂也」。夫以孔子至聖，猶力以改過現身說法，則改過豈小事哉？

國朝二曲先生語錄，首以「悔過自新」為開宗第一義，可見「悔過」兩字為入德之門，從古聖賢仙佛，都從此出。吾人苟不自棄，當以省身克己為急務，為重務，幸勿視此耑為下根說法也。故列於定志篇後。

積德歌

道德從來非兩事，修行不外口身意； 一身作孽口招尤，總是未能明心地。 意根不淨惹塵埃，癡愛貪瞋件件來； 假使隨時勤檢點，自然方便兩門開。 德在心，不在口，滿口誇張眞箇醜； 心精力果乃有恒，釣譽沽名詎長久。

推己及人，誠中形外

德在口，不在錢，口中功德種無邊； 若但富家翁有德，貧賤中何出大賢。 不在口，又在錢，有心無力也徒然； 仗義疏財隨護法，結天緣復結人緣。 又在錢，又在口，勸善無疲錢自有； 果能倡首兼出言，立德立功歸不朽。 我講修德別不同，非徒陽善重陰功； 求報求名為下乘，避嫌避怨非豪雄。 竊笑時人偶好善，表善矜張器量淺； 及見報應稍來遲，忘形動說天無眼。 眉不舒，心不展，怨恨口中生，可歎知德鮮。 豈知上德不自德（清淨經「上德不德」「下德執德」），那管浮生遇通塞； 憑他空乏苦勞肌，總總不懈修持力。 報遲報早自有時，何事心中太急迫； 而況天公本至公，雖無急性却記得（二曲詞語「古人謂此公無急性而有記性」）。 不報此，或報彼，不報自身或報子； 不報自己與子孫，或在他生後世裏（如范文正生前為張箍桶之類，見勸戒錄）。 箇裏天機敢妄談，變動不居（出易繫辭）難逆億。仁不憂，智不惑，君子全須自培植；　小善小惡莫疏虞，細行不矜大德累。事事合天心，般般盡己職；　處處順物情，時時解人急。子臣弟友完性分，仁義禮智非外飾。或利物，或濟人，或救災，或恤貧。休分遐邇與疏親，力足不妨為己任。心堅也可暗通神，暗通神，有朕兆，逢人勸化任人笑；　不辭艱險不辭勞，人心感應天心照。天心一照顯神奇，大事忽成人莫料；　人莫料，方徵報，心德尤為第一要。德乃道之妙，心是身之竅，變化氣質築仙基，打破癡迷參佛教。修德人，貴化導，教忠教恕又教孝；　誘掖獎勸法聖仁，逢惡須隱善須道。過則歸己功歸人，勿生忌刻勿長傲；　我慚德行素淺薄，善固不足惡怕作。不讀人間非聖書，卅年偶得其中樂；　吟此淺歌將世警，語重心長意義永。字字都從閱歷來，但願修德為綱領；　德到深純道卽成，乘鸞跨鶴昇仙境。

道非德不成，德非道不至。德有內功，有外功，有陰功，皆不可少。何謂內功？變化氣質，磨煉心性，克己復禮，踐形惟肖是也。何謂外功？邀集善友，恤患救災，不避毀謗，不辭勞苦，印刷善書，及夫修橋補路，造船育嬰，施藥掩墳，一切有益人世之事皆是。人生世上，做得一場算一場，各盡其心力而為之，庶不至寶山空回。中庸曰：「苟非至德，至道不凝。」悟眞篇云：「大藥修之有易難，也知由我亦由天；　若非積行修陰德，動有羣魔作障緣。」歌中以道始，以道終，卽是此意。故列於悔過章後為第三。

貪談因果，固落鬼趣；　撥無因果，又墜野狐。大意重在不求名，不求報，不辭勞，不畏苦，一切善行，視為性分內應盡之事。外功內德，不卽不離；　因果報應，不黏不脫。措詞顯而且典，淺而實深，包括世情俗態不少，信手拈來，涉筆成趣，殆亦先生道理融通之一境乎。（後學退忍居士敬評）

破障歌

總論障起　天之障　地之障　人之障　物之障

雲霧漫空蔽天日，塵沙滿地迷鄉邑；　翳膜重重望眼昏，業識茫茫皮袋入（出釋典「僧問趙州『狗子有佛性也無』」公案）。

入敘起障之由

嗟彼萬物何有障，盡是虛空生幻相；　本來無物亦無遮（六祖壇經「本來無一物，何處惹塵埃」，又張無盡徹悟偈「四方八面絕遮攔，萬象森羅齊漏洩」），自生分別著情狀（「仁者自生分別」，出壇經）。

欲障　事障

爾其嗜欲最迷人，蔽痼深時習染頻；　癡愛貪瞋迷本性，紛華美麗汨天眞。乃若妻子與仕宦，宮室田園密計算；　戚朋世族接紛紛，葛籐村裏一生絆。

惟有理學〔理障〕尤爭勝，一家已自分門徑〔朱陸異同〕； 前賢對症將藥施，誰知執藥翻成病。 世無仙，佛非聖，一枝尖筆徒馳騁； 阮瞻無鬼論空撈（晉阮瞻作無鬼論），昌黎原道篇難證（唐韓昌黎作原道篇力闢佛老）。 闢輪迴，撥因果，出言便起兒孫禍； 俾無忌憚必此言（李二曲先生語錄曰：「後儒動言無鬼神，使人無忌憚之心者，必此之言夫」），憫他空自泥犁墮。 攻虛無，與寂滅，同源却笑異途轍； 陽明挽救誚近禪，擔板漢兒終不愜（「擔板漢」見釋家語錄，又厚庵先生謂「印板道學」是也）。

至於二氏更分科，障蔽魔王可奈何（「障蔽魔王」出釋典）； 縱使慈航時救度，還教平地起風波。 旁門法，路三千，無端謬種世流傳； 不認頑空為大道，便執渣滓號先天。 文字癖，口頭禪，機鋒著述誰攻堅； 終久說得行不得，難與仙佛相比肩。 說不盡〔包歸一切〕，數難完，誰推牆壁破籬藩〔落到「破」字，引起下段〕； 阬陷世人無了日，那時斬草復除根。

吁嗟乎〔此段詮寫「破」字〕！ 彼是非，此是非，欲齊物論究難齊（莊子齊物論「彼亦一是非，此亦一是非」）； 萬古碧潭空界月，再三撈摝始應知（二句本禪語）。 止止止，抽蕉剥繭終無底； 唯唯唯，萬派千江歸海水。 但形文彩卽染污（洞山寶鏡三昧「但形文彩，卽屬染污」），脫落皮膚見精髓（禪家語錄「皮膚脱落盡，惟存一眞實」）。

末詠歎一段

我的言，聽譽毀，信口巴歌同下里； 消融雖屬少膠黏，究竟也是閒言語。 閒言語，有何益，自救不了燃眉急； 不用與人閒戰爭，當下休歇方安適（「自救不了」、「如救燃眉」、「當下休歇」，俱出釋典）。 仰天一笑問何如，曾為蕩子偏憐客。

禪障、理障、文字障、不滅欲障，一入其中，蔽痼膠黏，牢不可破，終身無出頭之日矣。 學道之人，須將諸障破盡，方見廬山眞面，而後學識圓融，事理無礙。 學仙學佛，希聖希賢，各隨其志，無所不可。 故列第四。

訪道歌 仿黄庭體

大道流傳在世間，統緒不絕於塵寰。 欲逃生死煉金丹，當與高眞共往還。 高眞已去入仙班，使我不見日愁顏。 丹經留與後人看，微言奥旨澁且艱。 不因師指事知難，出世因緣豈等閒。 敢辭涉水與登山，水盡山窮自有緣。 師不遇兮心不安，旁門僞法起狂瀾。 謬種流傳貪復奸，依之修煉如磨磚。 賢者勿為其所瞞，經歌契論熟參觀。 先知門户路方寬，天機隱密求完全。 任教露宿並風餐，憑他衣破及鞋穿。 莫要半途心已寒。 昔有仙人白玉蟾，雲遊足跡徧山川，歷久乃感陳泥丸，泥丸猶作三年延。又有三丰好參玄，訪道直到終南巔，六七十歲忘其年，忽遇火龍親口傳。古今多少學神仙，求師指點心意虔；彼蒼默鑒操其權，時至垂慈解倒懸。我求師授殊堪憐，竭誠致敬叩蒼天；逢師又苦力如綿，不覺二毛侵鬢邊。覽鏡生悲祈禱堅，窮年到處訪名賢；天賜侶護一氣聯，百般磨折尋眞鉛。得訣歸來試煉研，立竿見影道非偏；方知眞偽判天淵，三元兩派有眞詮。後人誦我訪師篇，一字一淚苦難宣。但恐修眞志不堅，或者慳吝惜金錢；若是法財侶地聯，此中實有度人船。勸人先着祖生鞭，早把俗情齊棄捐；快求大道快參禪，好與洪崖共拍肩。

或謂：既有窮理一歌，則訪道篇似可不作，況諸歌俱就三教並講，而此乃專就玄門說，似不包括。余曰：不然。儒自周邵兩賢，釋自六祖而後，命理久已失傳。窮理是窮三教公共之理，訪道是訪教外別傳，前人謂「得訣歸來好看書」者是也。故列於窮理之前。玩余辨命一歌，當自會意，不必重贅。

窮理歌

易繫辭曰：「窮理盡性以至於命。」窮理卽窮性命之理，非逐物也。

從理字源頭溯起

溯自圖書肇出兮，苞符啟秘。漏洩天機兮，龜龍獻瑞。太極既判兮，兩儀隨具。眾理畢賅兮，萬象咸備。聖人知本一源兮，惟傚法夫天地。四象五行大無不包兮，八卦三元神而且異。境邃密兮難通。心空明兮忽契。學者苟有志於性命兮，誰不先由夫格致。

段末落到「窮」字

翻進一層

顧或謂皇天無言兮，行生莫外。君子不多兮，空空以對。終日如愚兮，密藏其退。不獲其身兮，惟艮其背（易「艮其背不獲其身」，言止於無欲之地也）。何思何慮兮，朋從無害。

以上就儒說

文字不立兮（達磨西來，不立文字），破除障礙。語言道斷兮（「語言道斷」出釋典），無意識界（出心經）。

以上就釋說

毋勞毋搖兮，慎外閉內（廣成語）。無見無聞兮，垂簾塞兑（垂簾謂目下垂，塞兑謂閉口也。出道藏）。夫何必鑿破混沌兮（莊子「日鑿一竅，七日而混沌死」），徒多知之為敗（見莊子）。

以上就道說

轉到正面，見所以要窮之故

抑知事有終始兮，理貴圓融。好古敏求兮，開萬古之儒宗。德無常師兮，成至聖之時中。非韋編三絕兮，歎十翼之何從（易之大象、小象、上繫、下繫、上彖傳、下彖傳、文言、說卦、序卦、雜卦統名十翼，皆孔子所作）。佛捨身為全偈兮（釋典「佛先悟『諸行無常，是生滅法』。後遇仙人指示曰：『此是半偈，爾須捨身，方為說全。』佛即欲捨身，仙人急止之曰：『生滅滅已，寂滅為樂。』偈始全」），貴宗說之兼通（宗，悟心性；說，窮經教；兼通，如儒家德性問學兼優也。宗鏡錄云：

「宗說雙通，方成宗匠」）。豬子也須驗過兮（釋典「有人抬豬子過佛前，佛曰：『是什麼？』對曰：『世尊豬子也不識。』佛曰：『也須驗過』」），信卍字之藏胸（佛胸有「卍」字，故智慧廣大）。老子求為柱下史兮，取墳典之崇隆。明白乃四達兮，學日益而何封（「明白四達」、「為學日益」俱見道德經）。

此段仍處處從三教印證，以見三教俱須由窮理入手

第四段全從正面詮寫，見窮理之事非一端，窮理之人非一致，如此乃題無賸義

攷人為三才之一兮，安可妄自菲薄也。非稽古而通今兮，將頑鈍珍參酌也。非多見廣聞兮，將狹隘不寬綽也。蓋經書所以載道兮，非章句之虛託也。典籍寓有微言兮，非臆說之穿鑿也。天地人物有眞宰兮，如闔闢之有橐籥也（道德經「天地之間其猶橐籥乎」）。陰陽水火有精義兮，如門户之有鎖鑰也。（平淡中窮）窮大經與大法兮，知名教有至樂也。（神奇中窮）窮密宗與玄藏兮，知別傳非虛廓也。（讀書以窮之）學古博而融會兮，如貫物之有索也。（靜觀以窮之）觀物久而自得兮，如鳶魚之飛躍也。（閱歷以窮之）涉世深而有悟兮，如久病之知藥也。（參訪以窮之）訪師精而默證兮，如酣睡之方覺也。（以多而窮之）或千萬遍而熟讀兮（全陽子讀參同契萬遍而神忽來告；參同契「千周燦彬彬兮，萬遍將可睹；神明或可告人兮，心靈忽自悟」；又心印經云「誦之萬遍，妙理自明」），脫然如胸塊之撲落也（昔有禪師夜聞友

人枕子墜地，胸中脱然撲落，乃大悟）。

從間以窮之

或一二語而堅持兮，豁然如鼻孔之摸著也（如釋家參話頭，每用一二語堅持不懈，久必大悟；「摸着鼻頭」出釋典，喻有把握也）。

落到窮理後，又不可博而不專，乃後一層

庶幾左右逢源兮，是必從博返約也。

此段寫窮理後事，却從反面逼入

然使知而不克行兮，又執藥以成病。如骨董積難以銷融兮（「骨董積」見二曲集，喻執著文字語言，泥古不化，如人腹患痞積病也），反身心之不淨。多聞成過誤兮（楞嚴經云「欲漏不先除，多聞成過誤」），適自戕夫慧命。競物論之不齊兮，供口舌之巧佞。

轉正

惟得一以畢萬兮，悟最上之大乘。損之而又損兮（道德經：「為學日益，為道日損，損之又損，以至於無。」損，謂私欲聞見也），默自了而自證。將見事理無礙兮（「事理無礙」出華嚴經），自性命之各正。自度而度世兮，乃不背夫儒釋道之三聖。（「性命」廻應首段。後路寫足，乃見窮理正為性命起見，非博取學問虛名也。）

或問：窮理盡性，原一串事，何必分別？陽明知行並進，知而不行，算不得眞知。答曰：陽明之言，原為學者鞭辟入裏起見。知自是知，行自是行，古人謂「知之非艱，行之維艱」固已可證，子徒執守文成，獨不讀學、庸乎？「窮理」在大學中比諸「格物致知」，「盡性」比諸「正心誠意」，「修身」「至於命」則「齊」、「治」、「平」之事也；在中庸中，「窮理」比諸「學問思辨」，「盡性」比諸「篤行」，「至於命」則「參贊化育」事矣。或唯唯而退。爰識之。

首段為「理」字探源，識踞題巔，語語精卓；次段翻起「窮」字，如俊鶻摩空，天骨開張，局勢寬拓；三段轉落正面，引證碻鑿，運用自然；四段切實發揮，說理如水銀瀉地，無孔不入，用筆如風檣陣馬，一往無前；末段又將末流積弊，反覆指陳，隨加救正，示以窮理究竟之道，足徵佛口婆心；束語將三聖字點清通篇作意，慮周藻密。吾何間然，僧繇畫龍手段，如是如是。（兄貞一居士評）

盡性歌

首段渾寫性體，見本不假修持

稽萬物各有性兮，惟人最靈。性受命於天兮，上帝是承。雖至聖而至妙兮，究無象而無名。固完完全全兮，得當當而停停。明如重鏡之交影兮（出華嚴，喻性體無不照也），澈如止水之澂清。定如山嶽之無動搖兮，慧如日月之恒升。夫豈假於安排兮，抑奚事夫勸懲。性無善無不善兮，凡何減而聖何增。

跌入戕賊，正見要盡之故

奈何知誘物化兮，稟拘欲蔽。識逐流而不停兮，心時馳而無憩。嗟情竇之日開兮，遂靈源之漸閉。譬牛山之有材兮，枝條敷而美麗。忽斧斤之戕賊兮，又牛羊之時聚。雖雨露之施潤兮，竟萌蘖而不繼。故天降三聖兮，知有教而無類。特立養煉見之名兮（儒曰「存心養性」，釋曰「明心見性」，道曰「道心煉性」），乃苦心之度世。

瞻尼山之出麟兮，集諸聖之大成。為天下之法度兮，作萬世之權衡。縱性道不可得聞兮，實光大而含宏。況學庸與大易兮，允成性之先程。子臣弟友之四端兮，知皆擴而充盈。意必固我之俱絕兮，夫何慮而何營。喜怒哀樂之未發兮，究何將而何迎。寂感胥兩忘兮，無臭無聲。體用非二道兮，惟一惟精。或直養而無害兮（陸王一派），或曲致而有誠（程朱一派）。學者各得其所近兮，一沈潛而一高明。由窮性以至於命兮，乃无忝於所生。（上段引用四書、周易，俱就儒門盡性說。）

溯西竺之如師子王兮（「師」同「獅」。「師子王」，見華嚴入法界品「如師子王哮吼之時，師子兒聞，皆增勇健。餘獸聞之，卽皆竄伏。佛師子王菩薩心吼，應知亦爾。諸菩薩聞，增長功德，有所得者，聞皆退散」），救萬類之神醫（出釋典）（宗門，卽參禪一派）。垂寶筏以度人兮，斬六賊之貪癡（淨門，卽念佛一派）。洵堅苦而卓絕兮，極廣大而精微。施機鋒與棒喝兮，破一時之悟疑。修西方之極樂兮，開九品之蓮池（蓮池九品。上品上生，上品中生，上品下生；中下品亦各具三品。生上品者佛果，中品者羅漢果，下品者人天果。見淨土諸書，不具贅。**蒲團子按**　陳攖寧先生在揚善半月刊抄登此歌時，對此處註解曾加按語曰「原作此處夾許多小字註解，作者本意恐人不懂，故畧釋淨土大意。可想見，光緒時代，淨土法門尚未普徧。今則不然……幾於無人不知西方淨土之說，用不着再加註解」云云）。守戒律之苦行兮（律門，專守戒律一派），使不過夫範圍。演經教之法席兮（教門，即講經演教一派），俾覺悟夫羣迷。持秘密之神咒兮（密門，持咒派，咒不翻譯，故以「密」名），藏妙義於無知。（佛家千經萬典，俱不外宗、教、律、淨、密五宗，皆度世法。）有權而有實兮，三乘咸宜。有頓而有漸兮，兩派非歧。平等無有高下兮（金剛經云「是法平等，無有高下」），何判賢愚。度四生六道兮（胎、卵、濕、化為四生；天道、人道、修羅道、畜生道、餓鬼道、地獄道為六道），共證菩提（善果也）。小之可容芥子兮，大之可納須彌（大山名。二句出釋典，即儒家「卷之則退藏於密，放之可彌六合」之意）。法門無盡藏兮，允推我佛之慈悲。（上段純引證釋典，俱就佛家盡性說。）

仰柱下之猶龍兮，變化不測。作經垂訓兮，五千道德。慈儉不敢為天下先兮，安民富國。首清淨以立教兮，知白守黑。觀竅觀妙兮，養神於谷。致虛守靜兮，以觀其復。知止不殆兮，知足不辱。絕聖棄智兮，少私寡欲。守中抱一兮，虛心實腹。損之又損兮，得亦無得。象帝之先兮，復歸於朴。定觀日用兮（定觀、日用，兩經名，皆老子所著，俱收入藏），示常德之不忒。信博大眞人兮，立天人之極則（莊子天下篇「關尹老聃兮，古之博大眞人哉」）。（上段多引用道德經，集隘不及備註，俱就道門盡性說，以見三教聖人開出種種法門，無非教人盡性之方也。）

總束一段，見盡性之中非一人，盡性之法非一事

彼三聖為此一大事兮（佛經「佛為大事因緣出現於世」），各有傳薪（二字出莊子）。諸子百

易中盡

家兮，誰不問津。道不虛行兮，惟待其人。盡性非一端兮，必造其純。或頤養而自得兮，

難中盡　靜處盡　動處盡　患難中盡　安樂中盡

或困苦而日新。或靜坐而寂修兮，或動察於人倫。或履險難而翼翼兮，或樂燕處而申

濁處盡

申。或酒肆淫房而調心兮（二祖日向淫房酒肆中行，有人責之曰：「和尚何得至此？」曰：「我自

清處盡　德性中盡

調心，何關彼事？」又三丰祖了道於麗春院），或巖居穴處而棲神。或尊德性而易簡兮，或

學問中盡　盡己性　盡人性　盡物性

道問學而精醇。或自證而淵默兮，或誨世而周諄。或積誠而感物兮，或明德而新民。或

大節中盡　別傳中盡

捨生而取義兮，或殺身以成仁。或衛生以全德兮（本莊子），或借假而修眞（道家以命全性）。

盡之易者　盡之難者　一盡卽去　已盡仍留　總束一筆

或一了卽百當兮，或窮摎而苦詢。或朝聞而夕可兮，或住世而留形。要皆盡性之遺軌

兮，一任後世之持循。

歌曰　魚躍鳶飛妙莫加，水中月影鏡中花；　趁時好覓還鄉路，緊束芒鞋自到家。

又歌曰　色色形形備此身，身中別有一眞人；　眞人漫向虛空住，打破虛空始出塵。

亂曰　日可冷，月可熱（佛遺教經「日可令冷，月可令熱，佛說四諦，不可令異」；　又永嘉證道歌「日可冷，月可熱，衆魔不能壞眞說」）；　山可量，海可測。　火可形容風可觀，惟此非空復非色。浩浩如天莫比倫，無能窮盡性功德。（末寫性當盡而究無盡時，愈見性量之大。　中峯本禪師擬寒山詩百首有「徧造業因緣，都成性功德」。　華嚴懺儀中讚歎末四句云：　「刹塵心念可數知，大海中水可飲盡，虛空可量風可繫，無能窮盡佛功德。」歌末數語，卽脫胎於此。）

儒釋道三家，作用不同，成功則一，實無二致。　昧者强生分別，明者自可貫通。　歌中將三家或分說，或合說，不落言詮，不立門户。　鄙人望道而未見，自愧於此事尚未盡得半分，何敢搬弄陳言，以取誣聖欺世之罪。　惟半生博涉羣書，參訪宗匠，已歷三十餘載，因竭一得之愚，以就正於海內諸君子。　竊願有以教之，幸甚禱甚。

首段溯源於天，見性不假安排，是從高處著筆，翻起「盡」字；　次段折入戕賊一流，轉落三聖立教苦心，抉出性之所當盡處來，語語現成，自在流出；　中三段會通三教，包括多少經典道藏，精理名言，絡繹奔赴，傾囊倒篋而出，卻又細鍼密縷，如珠在串；　第六段鋪敘盡性正面，無微不到，洋洋灑灑，一片神行，於理窟中有掉臂遊行之樂；　末段兩歌一亂，瀟灑出塵，活潑潑地，結應天字，篇法完密，眞空前軼後之作，體裁酷似離騷，猶餘事也。（兄貞一謹評）

了命歌

命理至難又至易，玄機秘密由師示（命假師傳）； 派從黃老溯淵源，訣隱丹經多譬喻。傳與賢者天無私（參同契云「天道無適莫兮，常傳於賢者」），自古迄今統常繼； 道德（經）黃庭（經）非等閒，神仙尤重參同契（朱晦翁詩云，「神仙不作參同契，火候工夫那得知」）； 陰符（經入）藥鏡簡而賅，誰知蘊括無窮意； 指玄（篇）悟眞（篇）玄要篇，篇中字字藏精義。（以上諸書，各家賅括。）口訣縱不載陳編，究竟印證無遺棄。 無遺棄，妙而玄，層層節節要師傳； 盲修瞎煉身何益，妄作招凶命莫延。 心要虛，財勿慳，廣修陰德感蒼天； 苦訪堅參終不懈，山窮水盡自逢緣。 緣一到，盡敷宣，萬典千經一貫穿； 得訣歸來勤下手，功成果滿始輕肩。

眉目分明，界限清楚

派有二，元分三，冒讀先談北與南； 南宗栽接北清淨，至道惟從兩派參。

北派祖，啟重陽，眞修苦行躲無常； 後賢著述天仙（正）理，風火（經）慧命（經）皆津梁； 劉眞更作（道書）十二種，依法修行度世航； 果遇明師親指點，三年五載入仙鄉。 大小周天兼卯酉（周天），玉金二藥細商量； 調（藥）採（藥）煉封知止火，還丹溫養壽無疆。 最簡捷，至精詳，當知大道在康莊； 丹財容易無非毀，只要心堅志氣强。

以下順敘栽接，引入南宗

若是年衰鉛汞少，急依妙法講陰陽。 講陰陽，密而顯，功夫虔叩良師闡。 道書五種與金丹（眞傳），都為此家添妙典； 倘非念念合清虛，還防步步逢危險。 先天氣本重虛無，體隔神交絕沾染； 後來採戰諸邪宗，徒增罪障遭魔譴。 鼎鑪琴劍有眞傳，護侶黃婆選良善； 數事缺一不成功，布置艱難法易簡。 多少偽法世流傳，似是而非害不淺； 縱然延得幾歲年，帶水拖泥成就鮮。 既煉丹，休迷昧，貴從理上窮精粹； 第一關在淨心田，心田乾淨道可冀； 絲毫念起喪天眞，地獄門中隨逐去。 心若死，念若純，立竿見影作眞人； 救老扶殘如反掌，超生脫死出風塵。 定賓主，辨浮沈，兩弦金水寓傳薪； 日月交光愈顯耀，汞鉛配合要調勻。 紫陽得自海蟾祖，此是南宗授受因。

陸長庚，李長乙，西蜀東揚兩派立（陸潛虛開東派，李涵虛開西派）； 靈根夙慧遇純陽（陸李兩眞俱遇呂祖降授），祖集仙詩全錄輯（輯呂祖、三丰全集傳世）； 仍是陰陽二品丹（派雖分別東西，仍是南宗的旨），方圓史著傳奇筆（陸著方壺外史，李著圓嶠內史，二家著述宏富，於丹經中可稱獨豎一幟）。

列綱領，詳門户，不過畧引迷途路； 一切妙理與歧途，契論經歌業大備。 只須熟讀更精研，何俟庸流語重贅； 執北闢南久貫通，宗南闢北亦膠固。 我非臆說逞浮誇，卅年曾把工夫費； 敢揑虛詞誑世人，萬劫沈淪迷異類。 誰為烈士與賢才，逢君再講句中句。

命理玄微，各種丹經莫不漏逗，毋庸重贅。 縱使言之鑿鑿，終不免抄襲之嫌。 歌中不言如何了命，但將各家了命學問，一一指明，使人不迷嚮往。 中間點綴數句精義，仍不偏枯。 至南北二宗，往往是此非彼，昧者未得師傳，又視為一家言，執著己見，至老不悟，皆偏也。 特作此以補前賢所未及。 辭雖淺近，惟未經人道過，且不無婆心一片耳。

壬寅八月中秋前三日方內自識於滬江居易別墅

辨命歌

伏羲實為傳道祖，卦圖初洩先天旨； 大哉孔子復宣敷，盡性至命首窮理。 毋勞毋搖乃長生，廣成授受黃帝語（黃帝訪廣成子於崆峒山而問道，廣成子曰「毋勞爾神，毋搖爾精，毋使爾思慮營營，乃可以長生」）； 訪道崆峒事不虛，載諸史鑑誰疑毀； 峨嵋重去訪天皇，陰符經著傳於世。 爰有奇器萬象生（見陰符經），盜機逆用勝靈素（靈樞、素問亦黃帝所著，然彼重治病，此則修煉成仙）； 後人誤認作兵書，不值大方家一噱。 毋滑而魂中夜存，遠遊篇裏曾洩露（屈子遠遊篇「毋滑而魂兮，於中夜存；虛以待之兮，無為之先」，此段已洩道妙）。休云儒釋不言命，性了卽了徒黏滯。尼山救世重倫常，故爾罕言同仁利；三絕韋編本共聞，雅言却在詩書禮；一見老子贊猶龍，莫窮神妙極心許；微言隱易寓中庸，至宋失傳已久矣。

緊切「猶龍」來

議論絕大感慨無窮矣，韻亦搖曳有神

莫窮神妙極心許，濂（周）洛（程）關（張）閩（朱）俱大儒，最佩純公及邵子（周濂溪，學者私謚曰純）。純公繪出太極圈，圖說精微誰澈底；無極之眞卽是性，妙合而凝惟二五（周子太極圖說「無極之眞，二五之精，妙合而凝」）；二五以內有命功，形全精復同天體（「精」本「二五」來，莊子「形全精復，與天為一」）。又攷邵子冬至吟，一陽來復參眞諦（邵子冬至吟：「一陽初動處，萬物未生時」）；天根月窟往來頻，闔闢變通悉明著（邵子天根月窟吟有「天根月窟閒來往，三十六宮都是春」之句，又易繫辭「闔户謂之坤，闢户謂之乾，一闔一闢謂之變，往來不窮謂之通」）。文公妙悟在晚年，頓化支離為簡易（陸子詩有「易簡工夫終久大，支離事業竟浮沈」，朱子閱之失色，晚年與象山書，自言無復舊日支離之病）；西山老友媲同參（釋道二家同志友曰同參），

好語如珠穿

篋中但放參同契（朱子晚年喜讀參同契，與蔡季通日夕考訂，竟夕不寐，曰「眼中見得了了，但無下手處」，又云「今始識頭緒，未得其作料孔穴」。明年，季通卒，又得策數之法，恨不得與之辨正。越二年，

朱子亦逝世矣）； 靠着識神不訪師，自云作料知何處； 特著一篇調息箴，戲言千有二百歲（「千二百歲」乃調息箴末句也）； 又日盤桓向武夷，時與白仙為一氣（白玉蟾，道號紫清，隱於武夷，朱子與之友善），將欲脱屣從仙遊，但恐逆天非實際（朱子感興詩：「刀圭一入口，白日生羽翰；我欲往從之，脱屣諒非難；但恐逆天理，偷生詎能安」），逆天豈可作神仙，一生精力沈章句。文公自是聖賢人，到底未明仙佛意，既知儒道本同原，況又年華至遲暮； 紫清終不及一言，知在聖門為大器。非敢放肆詆名賢，要知殊途無二致。

二句推原白仙之意

今為阿弟重重宣，再將周易詳詳示； 大道本不外陰陽，上下二經觀首尾。乾坤離坎與咸恒，都寓水火與男女； 乾坤顛倒翻名泰，水火交融成既濟。正位凝命非凝性（鼎之大象曰「木上有火，鼎，君子以正位凝命」，何以不言凝性），立鼎安鑪風火馭（「馭」本列子馭風，又道家「以神馭氣」來）； 各正兩字載乾元，順理一言說卦識（乾卦「各正性命」。說卦「將以性順命之理」，無不性命並講，天然佐證）。 水流濕兮火就燥，雲從龍兮虎從風； 同聲相應同氣求，施功各從其類起（參同契「同類易施功，非種難為巧」恰與「各從其類」句串合）。 三家相見別無他，二氣感應以相與； 奈何學者會不通，徒執近思為祖武（執守近思錄者，理障必牢不可破）。

咸卦象辭

中庸談道首造端，鳶魚飛躍妙無比； 及其至也聖莫知，我何人哉敢懸擬。高明博厚配天地，變化施行法雲雨（易「乾道變化」，又曰「雲行雨施，天下平也」）；　中庸大易要師傳，不在語言文字裏。

向讀孟子善信章，工夫逐節有次第；　已將終始示分明，豈是一蹴所能至。　善信充實此三言，築基功用儼全具；　有欲觀竅精甚眞，有情下種信為貴（道德經「常無欲以觀其妙，常有欲以觀其徼」，又云「恍兮惚，其中有物；　杳兮冥，其中有精。　其精甚眞，其中有信」；　莊子「夫道，有情有信」；　指元篇「此中眞有信，信至君必驚」）。　氣化漏盡已先通，百日功靈乾體固（充實似道家煉精化氣一層）；　光輝大化逐漸臻，煉氣化神又其次。　日月雙明了大還，比諸光大究無異（大還丹詩有「日月合璧之象，比諸光輝」句，恰當）；　大周氣化有六通，聖胎温養各因地（六祖壇經「有情來下種，因地果還生」。　各因地，言各有各家境界之意，古人謂「因地制宜」者是也。　十月大周天內，温養道胎時，血化白膏，不食不寐，有六通景象，比諸「大而化之」句，又恰合。　以下則煉神還虛事矣）。　化而至於不可知，脱胎了當天仙位；　還虛粉碎又虛空，作用不同功豈貳。　莫嗤穿鑿聖人言，一經道破有眞味。

切「可欲」句　切「有諸己」句　切「大化」句　切「化而不可知」句　仍參活句妙

佛門廣大信無邊，百千妙法無不備；　勸人熟讀華楞嚴（華嚴、楞嚴二經，倶佛門大乘經典)，中藏事理殊精細。莫執佛號與話頭，便道其餘無賸義。教外別傳玄又玄，慧根淺薄難概施； 也修舍利轉法輪，也言慧命說服食。也如馬陰變藏相，也徵龍女獻珠瑞； 也道六景忽震動，也證六通有由自。形成出胎三界超，實與道家同三昧； 玄機秘密要精研，非是等閒人可度。拈花微笑果何為，覩星悟道是何事。初祖達磨本早成，還須面壁少林寺(了命以後還虛一著)； 一葦渡江隻履歸，誰解西來又西去。花開五葉盡雙修，五六祖身今尚在(五祖肉身今尚存黃梅，六祖肉身尚存曹溪)； 信道金剛不壞身，七祖而今孰敢繼(純陽祖集有「七祖而今未有人」之句)。可歎儒釋兩後昆，禪障理障少精粹； 別人會心處處通，借問各條是不是。

阿兄未肯閒氣爭，一片癡情憐敘季； 願弟平心靜氣參，莫把天機當游戲。若猶見粗不見精，各遵所聞行各志； 種荳得荳瓜得瓜，惜取光陰勿猶豫。光陰迅速不復回，石火電光看忽逝； 了命一歌本說完，笑余辨命枉重贅。時維九月隱申江，菊開滿地黃金布(末「申江」暗切「金水」。「黃金」一聯，有花放水流。本地風光，無意偶得，幾欲拈花微笑)。

余寄了命歌與諸弟參玩，有謂耑就道門說，不若諸歌能融會三教者； 有謂儒釋不言命，性了即命了，了命乃道門一家言者。聚訟紛紛復拈筆作此歌以醒悟之。一時興會所至，不覺意義層出，韻語現成。惟元機秘密，一洩無遺，未免干冒天譴，且恐令拘儒見之仍斥為穿鑿之談。而性靈流露，不能自已，遂有所不計也。

壬寅九月方內散人自識於海上之寄廬

先生道情，原只九詠，自定志以至還虛，澈始澈終，而於三教源流，概已道盡。因昆玉辨論之餘，復補此歌，洩前賢所未盡洩，言前人所不敢言。自伏羲、黃帝、孔、孟、宋儒暨學、庸、周易、華嚴、楞嚴，原原本本，印證無遺，薈萃羣言，無不左右逢源，三家一貫，非眞參實悟數十年，何能道其隻字？是歌不下千餘言，聞先生枕上搆思，晨起走筆立就，信手拈來，頭頭是道，引典若數家珍，鑄韻純出天籟，殊非淺學所能及。跛久託門牆，望道未見，才非游夏，何敢贊其高深？世有巨眼，庶能辨之。

後學跛道人謹註

還虛歌

原名煉虛，今改為還虛，李清庵贈古杭王高士作，有序未錄。

為仙為佛與為儒，三教單傳一箇虛；亘古亘今超越者，悉由虛裏做工夫。學仙虛靜為丹旨，學佛還虛澈首尾（原句乃「學佛潛虛長已矣」，因「潛虛」字前後三見，故易之）；問余聖學又何如，虛中無我明天理。虛室生白妙無窮（原句「道體虛空妙莫窮」，以「虛空重見」，易之），乾坤虛運氣圓融；陰陽造化虛推盪，人若潛虛盡變通。還丹妙在虛無谷，下手致虛守靜篤；　虛極又虛元氣凝，靜中又靜陽來復。虛心實腹道之基，不昧虛靈採藥時；　虛已應機眞日用，太虛同體丈夫兒。煉心虛寂無為作（原句「採鉛虛寂無為作」，以「虛靜」三見，易；採鉛亦非「無為作」，故易之），進火以虛為橐籥；　抽添加減總由虛，粉碎虛空成大覺。究竟道沖而用之（出老子道德經），解紛剉銳要兼持；　和光混俗忘人我，象帝之先只自知。無畫以前焉有卦，乾乾非上坤非下；　中間一點至清虛（原作「至清靈」本好，以重見，易之），八面玲瓏無縫罅。四邊固密別渾淪，道是中虛玄牝門；　若向不虛虛內用，自然開闔應乾坤。闔闢多時禁出入，悠悠九載面牆壁；　還如父母未生前，虛明寂定忘天日（原作「乾坤」下四句「玄牝門開功則極，神從此出從此入；　出出入入復還虛，平地一聲春霹靂」）。虛中迸出一輪來，霹靂一聲天谷開；　圓陀陀地同天體，淨倮倮形脫聖胎。聖胎一出神無匹，步虛從此歸無極；　至矣無臭復無聲，渾然不知還不識（原作「春霹靂」下「霹靂一聲天地開，虛中迸出一輪來；圓陀陀地光明大，無欠無餘照竹齋。竹齋主人大奇特，細持將來應時物；　虛裏安神虛裏行，發言闡露眞消息」）。虛至無虛絕百非，無無天地悉皆歸（原名「潛虛地悉皆歸」）；　返虛直入寥天一（見莊子大宗師篇。寥天一，即天也，自然也），此是三家上上機（「三家」應前。原句「虛心直節青青竹，箇是煉虛第一機」）。

還虛一節，澈始澈終，各丹經但言大畧，從無專著歌詠發揮透切而淋漓盡致者。蓋古人以為末後一著，故不欲詳言也。嘗擬作歌以補此義，擱筆躊躇者再。忽遇友人送中和集，內中恰好有煉虛歌一篇。細心玩味，覺貫通三教，得未曾有，字字精妙，實獲我心，足見前賢嘉惠後學無微不至。是歌盡可借用，不煩再作矣。昔劉祖海蟾隱於白龍洞，呂祖曾贈長古歌行，後劉眞順理復隱於此，張祖紫陽即借此歌為衣缽，點竄字句以贈之，故呂張兩集互見。古人原有此例，茲悉著明作者姓名，非敢掠美也。原歌「潛虛」、「虛無」、「虛靈」字樣，重見疊出，稍嫌礙眼，又間點綴竹齋處，亦覺無甚味。中間談虛，尚就着工夫講，末後自宜專歸到大還虛一路去，方為合拍。爰不辭僭妄，重經删易，閱者諒之。

方內謹識

閒情雜著卷四

閒情雜著序

古人言道之作，黃、老、莊、列尚已； 其次則屈子遠遊間嘗及之，語雖精而不詳； 他如龍虎、金藥各經，黃庭、參同諸書，皆用韻語，然古雅淵深，非淺學所能解； 至唐純陽祖挺出，每以丹訣託諸吟詠，其長古歌行若長江大河，五七近體，丕振唐音； 迨宋紫陽張祖出，則又盡括陰符道德之秘、龍虎金藥之精，著悟眞內外編，呂祖而後，直以詩教寓丹術者，厥惟張祖，誠以詩言志歌永言其感人為易入而訓世為可久也。

吾師方内夫子，生有異秉，幼好元修，平日於三教經典靡不精心研究，手批諸書，丹黃滿架。入庠後，卽絕意進取，一意參訪，幾卅年，盡得南北二派眞訣，曾著元功七律十八首刊南北合參中。其少年於詩學宗工部，既得邵子擊壤集讀之，尤私淑維殷，故所作不同凡響。雖吟風弄月寄興偶然，而寓意高深，輙合元妙。顧其著作不甚愛惜，多不存稿，僅得余篋中所錄若干首，與同門諸君校訂付諸剞劂，顏曰閒情雜著。末附問答法語一卷，凡修煉衛生諸大端，悉皆剖決無疑，嘉惠有志，學者果從此而進求之，吾知窮理有由，認師有法，不啻試金石也。

師生於道光戊申，太和未散，嗜欲不入，卽傲然有出世志。初，太夫人夢凝陽仙眞授一兒而生先生。既長，自夢入異境，座上龐眉老仙曰：「汝來耶。」曰：「唯。」曰：「汝記前事乎？」先生愕然，久之忽悟前生為靈隱僧法派，道明雪竇禪師友也。遽頂禮乞超度。曰：「猶未，姑去。」遂醒。由是宿慧頓開，禪悟日啟。中年為母病殫精醫理，聲名遽噪，為人起沈疴輒有效。

余與先生固世戚，欽仰先生亦最深。甲午冬，先慈疾，乞診於先生，幸轉危為安，自是來往愈密。偶以因緣談及元要，遂蒙契賞。茲刻之作，惟與余酬唱者居多，謹為弁言，俾後之君子讀是集者，有以知先生之生有自來，卽余師弟之遇合亦非偶然也。是為序。

大清光緒歲在昭陽單閼後學西昌夏敬莊謹識於退忍軒

靜室八箴

視箴　阿堵傳神，不疾而速；定動招搖（「眼目定動」出釋典），顧瞻忙碌。心生心死，其機在目（出陰符經）；孔戒非禮，老懲可欲（「不見可欲，其心不亂」見道德經）。釋示無界（「無眼界」見心經），見精（出楞嚴）非肉；凡夫矜察，聖人為腹（「聖人為腹不為目」見道德經）。收視墜明，求生避熟；遠望根勞（「遠望則神傷」見孫眞人千金方），窮觀景促。金玉雖貴，著屑亦毒（「金屑雖貴，眼中著不得」見釋典）；存道於帶，養神於谷。顧諟明命，屏除外逐；破癡迷障，放光明燭。千眼無礙，六通先足（六通有天眼通）；照徧大千，仍歸肅穆。

聽箴　巽卦為耳，猶風善入；未離母腹，便知警懾。睡夢之內，諸根無涉；一遇震動，立能醒蟄。耳之為用，固不可及；惜乎妄聽，靈機日窒。廿五圓通，耳根擇執；反聞自性，歛其熟習。聖人耳順，尚至六十；瞽者善聽，其靜也翕。所以至人，黜聰是急；外杜邪淫，內審呼吸。毋聽以耳，而氣是集；聞根一熟，觀音可揖；天耳遙通，南無迦葉。

言箴　言為心聲，何可不慎；樞機之發，榮辱之引。一言國定，一言事僨；三年不言，言乃雍順。言多必失，事輒啟釁；毋華甯樸，毋易甯訒。吉人辭寡，不疾不迅；仁人利薄，令望令聞。佛戒四惡，口業垂訓；老警數窮（「多言數窮」見老子），兑塞立論。三教眞言，廣長舌運；吐詞為經，出語徵信；人心順從，天口可印（聖為天口）。

動箴　天生萬物，羣動紛紜；動不中禮，人禽攸分。動罔不臧，德性日純；背塵合覺，捨妄從眞。隨時慎動，一動驚人；憂存乎介，知幾其神。危微不惑，與道相親；精一允執，滿懷是春。事理無礙，內外咸醇；本來無動，何惹埃塵。

行箴　行之維艱，程有次第；自邇而遠，先難後易。他歧毋惑，驀直而去；步步踏實，乃徵見地（溈山禪師云「我這裏不重子行履，只貴子見地」）。著著騰空，絕少沾滯；頭頭是道，自在如意。處處逢渠（洞山价禪師有「處處得逢渠」句），觸著皆是；徑開三益，破除六蔽。循仙佛途，窮生死路；反其常經，別無旁騖；勿許夜行，投明須至（末二句出釋典）。

住箴　不住聲色，不信貨利；不住觸法，不住香味。於意云何，了無一事；敦艮之吉，至臨之義。但凝其空，不出其位；獨立無悶，何憂何懼。常惺惺存，活潑潑地；無所從來，亦無所去。自然降伏，如是如是；我住久矣，爾胡不住（末二句見指月錄）。

坐箴　蒲團枯寂，難了大事；不坐亦坐，乃為妙義。坐如不坐，恍同兒戲；槁木死灰，頑空無味。魚躍鳶飛，洋溢天趣；聽之以心，凝神聚氣（莊子「毋聽之以耳，而聽之以心」；

毋聽之以心，而聽之以氣」）。養之以息，深根固蒂（心印經云「綿綿不絕，固蒂深根」）；不動不搖，何思何慮。夜氣常存，天光豁露（莊子「宇泰定者，發乎天光」）；寂照同施，動靜一致；坐馳坐忘，兩無所繫（「坐馳坐忘」見莊子）。

卧箴　嚮晦燕息，君子所憩；曲肱而枕，側身而寐。不愧於衾，獨異其被；兑合不談，明入於地。龜息依稀，龍蟄取譬；眠如未眠，睡猶未睡。覺也無憂，寐也無味；寂然不動，安而後慮。存亡密候，顛倒遠離；無夢想時，作得主未（末句見指月錄）。

列子「鹿夢」一段註並書後

鄭卑小之國人有薪樵採勞苦之人於野馳逐之區者，遇駭驚也鹿奔走之物，御迎也而擊之，斃之，恐人見之也偷盜之態，遽而藏諸隍中，覆之以蕉，不勝其喜貪妄之私。俄而遺其所藏之處，遂疑以為夢焉變幻之速，玩「恐」「遽」「不勝」「俄」「疑」等字神理，寫出薪人若癡若狂一片患得患失倉皇急遽情形，直是睜眼做夢，何以疑為。順途而詠其事愛戀之私，旁人有聞者，用其言而取之遇合之奇，取攜之巧，既歸，告其室人曰：「向薪者夢得鹿眞以為夢，癡人也，而不知其處。吾今得之，彼直眞夢者矣不知自己亦在夢中，反以人為眞夢，癡人也。」室人曰：「旁觀者清，靜參自得，惟室內之箇中人乃喻若將是夢見薪者之得鹿耶？詎有薪者耶？今眞得鹿，是若之夢眞耶室人語妙極，得者為好夢，失者為空夢，同一夢也，而得者則以為眞？」夫曰：「吾據得鹿，何用知彼夢我夢耶果然以得為眞，不管彼夢我夢、眞夢假夢。夫夫也，何竟沈迷不醒耶？」薪者之歸，不厭失鹿欲念難忘，偷心不死，眞夢藏之之處，又夢得之之主，爽旦，按所夢而得之天下事精思則得，反覆無常，失者不至終失，得者不能終得，何嘗是夢，何嘗非夢，遂訟而爭之因貪生嗔，因爭成訟，塵夢中必有之境，歸之士師。士師曰：「若初眞得鹿，妄謂之夢本是夢，何謂妄，眞夢得鹿，妄謂之實本是妄，何為實，彼眞取若鹿，而與若爭鹿是非之情，人我之相，室人又謂夢士師以非夢謂夢，而疑室人所言亦是夢話仭殺也人鹿，無人得鹿失鹿主人尚酣夢未醒。今據有此鹿，請二分之。」以聞鄭君不能將覺夢打成一片，惟有二分之一法。以聞鄭君者，欲求悟於眞宰也。鄭君曰：「嘻！士師將復夢分人鹿乎鄭君亦半覺半夢之主，故不能決，而語却中肯？」訪之國相，國相曰：「夢與不夢，臣所不能辨也。國相亦不知誰覺誰夢，却知辨夢之人。欲辨覺夢，唯黃帝、孔子先覺之宗師，無夢之至人，自能辨之也。今亡黃帝、孔子，孰辨之哉？且恂信也士師之言可也糊塗了事，只有二分一法。」

靈機勃發，妙想天開；眞疑為夢，夢反成眞。因我之夢，添人之夢；夢覺無常，眞偽莫辨。士師國相，同在夢中，共說夢話，寫得怪怪奇奇，顛顛倒倒，讀之如入華胥國裏，一片迷離，莫名其妙。黃帝、孔子乃先覺而無夢者也，故能辨之。彼鄭之君、相、士師，奚能哉？且鹿者，祿也，又辱也。一鹿失而天下共逐，舉世爭奪不休，無一不在勞祿之中，殆辱之內。無他，貪之害也。清淨經云：「煩惱妄想，憂苦身心；便遭濁辱，流浪生死。」列子殆欲為千古喚醒塵夢者歟。

煩惱妄想，勞苦奔馳。嗟彼薪人，既鄙且卑，驚喜交集，得失爭持。鹿義同祿，馳逐無時；鹿復如辱，危殆莫知。流浪生死，夢想迷離。覺耶夢耶，顛倒是非；眞耶幻耶，意義紛披。一鹿羣爭，舉世胥迷；迷卽是夢，夢本由思。士師國相，位亦徒尸；上下酣夢，醒悟者誰。黃帝孔子，先覺之師；今也則亡，欲辨何之？打成一片，息訟忘私；請二分之，聊以闕疑。糊塗了事，何必差池。

念佛偈答八弟簡庭

念佛與參禪，是二還是一；　一念貫萬年，刹那莫放失。本無上乘談，豈有下根說（答來偈「我本下根人，侈騖上乘說」）；　頓漸久不分，如膠復如漆。不了何能悟，不悟何能了（答來偈「求了不求悟」）；　是眞念佛人，此理應共曉。六根原盡攝，淨念要相繼；　念到佛印心，心佛自相契。踏破玄中玄，參透句中句；　蓮開在我心，淨土存吾意。心意不乾淨，淨土變惡濁；　心意已乾淨，娑婆亦極樂。彌陀卽自性，自性卽彌陀；　不將自性悟，終隔萬重多。蓮自水中出，亦可火裏栽；　蓮香清且遠，翻向污泥開。惡水任人潑（答來偈「欲栽火裏蓮，不禁惡水潑」），安往非栽培；　消融化清芬，平地湧金臺。可見念佛宗，在心不在土；信佛先信心，心為萬法主。念佛只管念，還須念自己；　捨己與靠人，諸佛未必喜。淨卽在垢中，樂還由苦得；　斬斷貪瞋癡，離却心意識。不垢亦不淨，方為眞淨域；　非苦亦非樂，乃名極樂國。愧我罪障深，敢妄談般若；　畧窺一隙光，願勸念佛者。宏願四十八，無量慈悲文；　建此大法幢，度生誠無數。若作淺近觀，悮人尤自悮（答來偈「淡飯聊充餓」）；塵世若夢，死生猶旦暮。惟有念彌陀，乃眞簡易路；　狂歇卽菩提，應如是保護。

和簡庭八弟題牧牛圖韻

圖繪牧童騎白母牛，牛昂首行，另一小犢從之飲乳，旁列枯木數株。為切三教，各題一首。

揭明作意，四句虛籠

聖道於茲未墜地，傳薪不外先誠意；

暗切牧牛

人禽之界本幾希，君子當求所以異；卑以自牧如牧牛，放心莫效牛無繫（易「或繫之牛」）。知出入，勿忘助，童子行其所無事；背上無鞍弗險僥，素行俟命由居易。趨亦趨，步亦步，遵行何莫由斯路；

牧牛純熟境界

資生萬物法坤元（坤為子母牛），蒙牛脱牿性如故（易「發蒙，利用刑人，用脱桎梏」；又易「童牛牿」）。

切牛

山鑿鑿，亦情致，萌蘖逢春盡生趣；旦氣空明夜氣清，遊歸也自知行住。人少慕母物如斯，赤子心腸大人具；吾道苟非一貫穿，萬卷韋編空朽蛀。（此首宗儒家說）

迥迥白牛來露地（佛典「露地白牛迥迥地」），百草頭參祖師意（佛典「明明百草頭，明明祖師意」）；共道南泉善牧牛，詎知古佛先標異（佛遺教經「制心之道如牧牛」）；性情閒適那須牽，鼻孔透參何用繫。忘物我，任來去，儼若太平無一事（禪語「不動干戈定平」，又邵子詩「自從無事後，更不著工夫」）；　莫笑騎牛反覓牛，從此到家直容易（「騎牛覓牛」、「騎牛到家」俱見禪家語錄）。　撒手行，信步去，驀然踏著曹溪路；　誰參父母未生前，小童小犢明其故。　笑老樹，著花未，一旦陽回領天趣；　過關入海盡銷無（佛門有「泥牛入海」之句），不住而住乃可住。　法乳常施易長成，這童相宛大人具（佛典「宛具大人之相」）；　試把童牛一體參，虛空踏破金石蛀。（此首宗禪理說）

木然有物先天地（見道德經），借箇牧牛傳道意；　老陰（坤為老陰為牛）剥出少陽來，脱胎換骨眞奇異；　醍醐灌頂返先天，神通變化無拘繫。　養谷神，食母氣（「谷神」「母氣」見道德經），出世因緣為大事；　一回入草拽將回（「一回入草去，驀地拽將回」），煉己功深忘難易。

「谷」字關合「牛」字

「牧」字意

知返還，明次第，子母遊行欣得路；　雪山飲乳曾六年，世人那得知其故。　完童體，詎兒戲，這回大死回生趣；　乳哺純熟復還虛，留此形骸久世住。　童子童牛兩化神，一體同觀萬象具；　道經遺後去函關，任爾千蠹萬蠹蛀（後世註道德經者不下百餘家）。（此首宗道門說）

題簡庭八弟指月圖

圖繪作僧家裝束，坐蒲團上，一手持念珠，一手指月，旁設一爐一几。為題長句。

一輪皓魄當空照，忽有人兮悟玄竅。隻手指出性中天，願結龍華會上緣。龍華會裏沒僧俗，居士依然僧結束。兒女勳名空不空，歸家穩坐學癡聾。念珠百八如流水，禪淨雙修眞佛旨。君不見，永明宗鏡空古今，曾說有禪有淨土。又不見，永嘉證道瑩澈周沙界，一顆圓明非內外。內外合一契天機，那管人間是與非。但祝人人能自度，虔向爐中爇一炷。凝成煙篆裊青雲，惟有心情妙自聞。我亦西竺先生前受記，卅年討論其中秘。久悟無師智自然，不可說兮不可傳。一句話頭一聲佛，非此物兮卽此物。權中有實實中權，因指見月玄又玄。淨垢在心不在地，參到無參禪亦戲。仗自力，仗他力，都須打破漆桶黑。噫吁嘻！受戒先披髮，見髓須徹骨；他時跳躍下蒲團，許爾一拳築落天邊月。

遠色歌

今古競貪色欲樂，世間那有色欲惡；樂時有盡苦無窮，諸惡半從色裏作。惹禍招災自此胎，傾家絕嗣所由來；折盡功名消却福，不能培養豈成材。萬惡之中淫為首，諸報莫如淫報醜；天刑天罰件件奇，人指人非樣樣有。報應昭彰各有因，淫人妻女亦人淫；勸君莫作邪淫事，敗德傷名更損身。儒家戒色佛戒淫，道門首重養精神；精損日教神氣散，元傷時見病相侵。病深體弱藥難醫，縱進參苓亦可危；若悟歡娛變苦惱，爭如及早醒癡迷。誰知好德如好色，一著色魔如著賊；盜盡家寶不自知，敲枯骨髓殊堪惻。花天酒地銷金窩，舞院歌房地獄窠；無限嬌柔都屬假，有窮財帛易銷磨。既然家裏有夫婦，何必冶遊迷花柳；未能修道且修身，縱不長生亦長壽。莫說自己妻與妾，不費錢財也宜節；自身堅固少憂愁，生子聰明復俊傑。未見勿思見勿亂，常將姊妹家人看；人心惟把道心除，一切魔軍自消散。血氣未定固當戒，身形漸老彌妨敗；早時跳出死生關，莫要沈迷皮肉袋。花貌玉顏難久遠，雞皮鶴髮終歸土；奪人志氣粉骷髏，吸人精血臙脂虎。燈焰由油魚賴水，油添水活燈魚美；元陽一點人由生，竭則燈滅魚乾死。本自色生又色滅，視色當如毒蛇蝎；　如水如火如寇仇（數條本永嘉集來），若一黏身災近切。修行先把丹基固，子欲長生閉精路（黃庭經「閉子精路可長活」）；　若還欲漏不先除，縱使多聞成過悞。過悞多時不自由，鬼神瞋怒子孫愁；　教君有路天堂去，快回頭又快回頭。

聖學歌

無極之中生太極，四象八卦從此起；　乾坤變換作坎離，先天後天各異位。人秉天地之中生，本性皆善無同異；　習相遠兮天無權，氣禀所拘物欲蔽。僅知好色不好德，遂使喻利不喻義；　機械變詐種種開，孝弟忠信漸漸昧。天心悲憫聖心憂，玉不琢兮難成器；詩書千語與萬言，人飲食之鮮知味。豪傑之士苟自興，道高謗來德高毀；　大道流傳千萬年，誰能深領其中趣。精一危微允執中，十六字傳堯舜禹；　無隱無怪無異奇，至中至庸至簡易。學問之道本無他，收其放心而已矣；　戒慎恐懼功最嚴，十目所視十手指。君子知命以達天，大人正心先誠意；　去其私兮私自除，求其仁兮仁斯至。慎勿見異而思遷，慎勿為山虧一簣；　富貴於我如浮雲，仁義是吾所良貴。貧賤患難素而行，造次顛沛必於是；　息有養兮瞬有存，俯不怍兮仰不愧。大學明德以新民，知止定靜安而慮；　至誠之道可前知，萬物於我皆具備。幽讚神明妙莫名，參兩天地德方至；儒門廣大又精微，無臭無聲蔑加已。

和跛公寄廬見懷元韻

六月曾無息（余為醫累，盛暑為親友延診，晷無片暇），勞勞逐世塵；術微工亦拙，交久淡彌神。舊隱懷高士（君寄廬建於孺子亭側），新詩慰故人；何當重把盞，菊酒集嘉賓。

秋水伊人在，幽居繞薜蘿；雲山憑寄託，風月忍閒過。妙悟貫千卷，牢愁翻九歌；市城堪大隱，道味領如何？

附原作

夫子眞邦彥，襟懷迥出塵；閒居惟養氣，妙論自通神。白髮生新感，金丹遇故人；何當同學道，高揖謝親賓。

僻居臨水上，孤夢繞煙蘿；宅愧高人隱，門經長者過。雲山留客輿，花鳥待琴歌；小別逾旬月，幽情近若何。

步跛道人元旦感事韻並柬劍臣

高隱歲忘寒，研詞意未殫； 壺園三友重（乙未曾與趙南浦兄合公其影大隱圖），國器五才難（君昆玉六人，現存者五）。 耿耿經綸負，翩翩錦繡攢； 閒吟與豪飲，俯仰地天寬。

司計何煩頻（君主持家政，遇閒卽靜養），名賢德業偕； 達磨常面壁，顏子但心齋。 涉世情原淡，隨緣運屢乖； 古今一旦暮，底事累形骸。

廿載訪仙鄰，交情尚簡淳； 箇中能得主，到處可為賓。 用拙藏非拙，家貧道不貧；豈無塵俗擾，未肯賊元神。 孝弟推人瑞，無端動隱憂； 讀書敦夙好，尊德異時謀（君家堂額「尊德」）。 悵悵蜀山隔，淒淒湘水流（令兄服官西蜀，尊大人湘中多政蹟，故原作感念焉）； 藹暉垂愛永，北上漫添愁（劍臣將赴禮部試）。

高懸徐穉榻，早叩杜陵扃（公詩學工部）； 地恍東西瀼，湖開遠近亭。 景賢懷舊隱（公於湖中築亭曰「景賢」，與孺子亭對峙），憂國仰遺型； 既得羲軒樂，何勞復紀齡。

石隱圖聯句

別領林泉趣。和
天然侶伴隨，已忘誰是主。方
況復兩相師，交誼苔岑契。和
閒情竹徑怡，商量尋舊學。方
涵養闢新知，妙義和盤見（几上盛香柑一盤）。和
元機掩卷思，精參儒釋道。方
拋却酒琴棋，流水高山調。和
光風霽月姿，眼明嫌鏡礙。方
心悟笑書持，地恍壺天住。和
函疑石室窺，慈悲眞似佛。方
利濟詎徒醫，道味清於茗。和
靈機動若蓍，雙修開境界。方

羣障破藩籬，務博終歸約。和
升高總自卑，煉成圓顆顆。方
透入理絲絲，頂盼三花聚。和
形嗤四果移，蓬萊何日到。方
攜手上雲墀。和

重遊廬山海會寺贈至善和尚

名動公卿德感神，匡廬禪伯屬公身； 筋骸運處何非道，面目生成已認眞（寺門署「眞面目」三隸）。 壽並名山聯九老（師繪有天人九老圖，蓋以四老人合五老峯共成九老也），教傳淨業度千人； 普賢願力何窮盡，早種蓮池上品因。

兩遊廬阜為參禪，曾記親傳念佛先； 願借彌陀明自性，惟從古德悟眞詮。 牽纏我愧風塵縛，皎潔公同月鏡圓； 此日歸途欣有路，不知禮座更何年。

鹿洞有感

天然結構肇南唐，慚愧庸儒上聖堂；為訪幽踪尋白鹿，幾經塵劫換紅羊。林泉寄託情何遠，殿宇頹蕪感正長；佛寺莊嚴仙闕麗，可憐吾道獨荒涼。

昔年聚講陸兼朱，義利精參德不孤；久欲商量求絕學，詎期授受到浮屠（此間士夫半皈依禪學）。憂天自笑杞人拙，愛道誰為聖者徒；門外源頭流不竭，終知後起有名儒。

觀音橋題壁

觀音橋跨水之涯，秀嶺層巒眼界開；四大皆空憑我坐（寺中一無所有），一庵何事等人來（寺門懸額云「等箇人來」）。飛泉過峽憑欄聽，高樹參天帶石栽；占得名山修得到，願毋辜負此靈臺。

栖賢題壁

水繞山回別有天，閒攜竹杖過栖賢；四圍高插雲中樹，三峽奔流石上泉。勝蹟空尋名士宅（相傳為李渤兄弟讀書處），機鋒徒溯辨公禪（昔辨公精通禪理，高隱於此）；摩挲舍利非無意，為訂他年出世緣（寺內銅塔藏有舍利，敬啟視之）。

自題壺天石隱圖

歲乙未冬月，與趙友二人作西法小影於夏君壺園。園植梅竹，多列奇石，一石刊「小蓬萊」三字。因置小几，對坐石下烹茗，置書一冊，香柑一盤。余作手倦抛書狀，趙作放下眼鏡勢，名「壺天石隱」。故題是詩。

三生石上證前緣，弄月吟風不計年；物我兩忘參妙諦，天人合闡悟眞詮。漸知箇裏原無極，誰信壺中別有天；試展圖書閒玩味，秘文隱義契心傳。

人間亦自有蓬萊，一片空明萬象該；踏徧歧途方覺悟，訪窮支派賦歸來。和光混俗風中竹，玉骨冰肌雪裏梅；　但得靈臺無罣礙，更從何處惹塵埃。

代題夏芝舲動靜交養圖

圖作兩形，一閉目盤坐，一醒眼著衣冠。

感非外誘寂非眠，箇裏包坤又括乾；　但莫林泉遺事物，便膺軒冕亦神仙。　鏡明水淨空能鑑，鳥語花香妙不傳；　一性圓融無住滯，見仁見知總紛然。

十一月十五夜，相傳為月當頭，友人約飲，醉後偕夏劍臣步月訪跛道人，即步元韻

酒地花天宴乍收，依然步月擅風流；　色空不著超名象，物我相忘狎野鷗。　性量漫從圓相住，靈明直與太虛遊；　敲門賈島緣何事，惜取清光照九洲。

附跛道人原作

夜氣沈沈露未收，碧天如水月華流；　亭前人影清於鶴，塵外交情淡似鷗。　世事半從圓後滅，浮生

多作鏡中遊； 閉關且學修心法，尚擬調神徧九州。

讀跛公除夕諸作憤時感事滿紙牢愁，大減林泉清致，爰口占二律調之

看徧新桃換舊符，翛然物外只林逋； 陶鎔情性詩千首（近日縱覽詩編），盪滌胸襟酒一壺。畫地羞同名士餅，憂天漫學杞人愚； 寄廬棲託欽風雅，底事風雲欝壯圖。

經營家計動牢騷，却笑山人興不豪； 知命樂天惟我拙，吟風弄月況公高。常憂君國才漸杜，偶隱林泉志慕陶； 浩盪靈源清似水，幸毋平地起波濤。

題借指圖

圖係倪迂所繪，作三老跪求呂祖，祖一手提劍作砍指勢，一手伸指勢，旁列亂石纍纍，另置一丹爐，爐火純青，其旁虛設一扇，某道人之物也。為題六絕。

外丹辭受向雲房，八百功完感上蒼； 爭奈世人迷不醒，拜求偏解為金忙。

偶將慧劍自相侵，却為凡夫愛欲深；斬斷貪癡如此指，不殊瓦礫變黃金。

神仙游戲任如何，點石成金亦惹魔；試把禪機參一指，永教無事笑呵呵。

老來氣血易昏迷，如此苛求也太癡；縱使堆金等山嶽，可能消受幾多時。

捨身濟世佛心腸，救困扶危妙有方；久擬化成千手眼，滿人願欲媲慈航。

爐火純青一扇閒，塵寰誰解大丹還；心堅若果穿金石，仙佛淵源在此間。

寄贈何道姑五首

何姑本自呂仙傳，大道潛修志氣專；非色非空空色相，千秋佳話又重延。（何姑亦得李師所授。李呂同音，故名。）

聞道牽龍手自屠，貞心一片鑑冰壺；　自從得藥還丹後，始信閨中有丈夫。

仙骨珊珊志不移，高風遠矚愧鬚眉；　傳聞女德稱無極，願作閨門接引師。

乾坤撒手任遊行，各有仙緣各自成（姑與夫別時各誓以不成道不復相見）；　異日相逢蓬島路，定知跨鶴共飛昇。

欲把坤元細問津，河山遙遠阻風塵；　二千里外呼慈母，應有天涯未度人。

嶺西寺十絕

撫琴　閒倚蒼鬆自鼓掌，悠悠山水寄情深；　調高偶被風吹去，錯被時人說賞音。

聽泉　塵心洗盡道心生，倚樹時聞漱石聲；　萬派同源流不竭，靈泉奚止在山清。

賞花　滿階花木應春期，日暖風和放幾枝；　識得榮枯相倚伏，賞心多在半開時。

觀魚　活潑天機此上乘，偶臨濠上樂同徵；遊行畢竟江湖濶，底事飛騰羨化鵬。

看雲　卷舒一氣化晴空，變幻須臾等化工；縱使不成霖雨去，也將奇趣寄山中。

玩月　金水平分上下弦，陽精孕育缺還圓；世人不解盈虛意，忘却庚方有秘傳。

讀書　朝參靈素暮黃庭，讀罷醫經又道經；三復忽來神鬼告，恍如醉夢眼初醒。

焚香　寶鼎氤氳任卷舒，旃檀幽味領何如；夜深風定煙凝細，一縷清香上太虛。

默坐　夢覺都非只自知，心齋默默坐忘時；周公遠去無消息，笑訪希夷作導師。

掃地　塵非心惹何須掃，掃却塵時眼亦明；心眼頓空無垢淨，山河大地任遊行。

附卷

問答法語

問　人之壽夭，果由天定而無添減乎？　抑由人修而有轉移乎？

答曰　死生有命，夭壽不貳，此有定之言也；　仁者壽，大德必得其壽，此無定之言也。下士一生庸碌，無大功過，則有定；　上士存心仁慈，行事敦厚，多救物命，廣積陰功，兼能養心寡慾，修身衛生，凡一切戕賊之事，悉能屏絕，自能感格天心，挽回造化，必享上壽無疑。試觀世間性情殘暴，語言險刻，行事澆薄，或嗜好太重，暴殄太過，定損福壽而多夭折，可以悟矣。

曰　盜蹠何以高壽？　顏子何以早亡？

對曰　稟賦强弱，亦有一半，此理之變也。人莫大於心死，而身死次之。天之待人，原非一格，其報顏子在萬古。古人謂有形壽，有名壽，有神壽。七十、百年，此形壽也；

流芳百世，此名壽也；　一念萬年，此神壽也。人原有不隨生而存，不隨死而亡者，信及此，則盜蹠期頤之死，乃是眞死，顏子三十二而亡，未嘗眞亡也。況能把握陰陽、了當生死之至人，尤登無量壽也哉。

問　福善禍淫，顯應者固多，而明錯者亦不少，此何以故？

答曰　天道難測，固也。竊謂人但見其小體而不見其大體耳。如君子坦蕩蕩，是大體已享其福矣，即貧賤患難，無入而不自得，小體不足累；　小人長戚戚，是大體已受其禍矣，即富貴榮華，而魂夢多有不安，小體何足羨乎？　夫積善有餘慶，積不善有餘殃，此一定之理，無足疑者。天道固未易測，而錯則決不錯也。昔人謂此翁無急性却有記性，此眞知天者。大抵吾人一生禍福榮華，只看各人存心何如耳。存心若正，身雖貧賤患難，而自反無愧，無異三公之貴、陶朱之富；　心存不正，身雖富貴亨通，而自反多慚，無異在囹圄糞穢中也。蕩蕩戚戚，大體享福受禍之言，最為得之。（此段引用二曲語。）

問　輪迴因果之說，果有之乎？

答曰　有前人謂「欲知前世因，今生受者是；　欲知後世因，今生作者是」。如花木然，撒下何樣種子，自結成何樣果子，有是因卽有是果，有因果卽有輪迴。草木至冬枯萎，儼若已死，而其根尚在，交春盡發，仍如其草木。草木尚有根，而況為萬物之靈者乎？試觀佛典暨各勸戒書，所載不一而足，未必盡出荒謬。

曰　儒家何以不言？

曰　儒家不談因果，未嘗不言報應。報應與因果，非二道也。自古聖賢仙佛，其生也有自來，其逝也有所歸，又何疑乎？特難與理障蔽固者同日語耳。

問　鬼神之理，果有之乎？

答曰　中庸謂「鬼神之為德，其盛矣乎」，又明言「體物而不可遺」，若然，則知無處無鬼神，無時無鬼神。人心甫動，鬼神卽覺。存心之功，眞無一時一刻而可忽。故必質諸鬼神而無疑，方可以言學。易曰「精氣為物，游魂為變，是故知鬼神之情狀。」鬼神既有情狀，又安得云無乎？乃後儒動言無鬼神，使人肆無忌憚，而為不善於幽獨之中者，必此之言夫。

問　孔子謂「敬鬼神而遠之」，既曰敬，何又曰遠？

答曰　遠非遠鬼神之謂也，遠其求福之心耳。今人瀆求瀆問，事事藉鬼神為趨避，不切實求諸自心，則不敬孰大於是？故非遠不足以言敬也。世人於鬼神大率不外兩種病：一是不信有鬼神，一是過媚鬼神。及察其所行，實無可對鬼神之事，不但無益，恐不免為鬼神竊笑，願智者知之。

問　夫子曰「朝聞道，夕死可矣」；又子路問死，何以夫子又云「未知生，焉知死」？

答曰　人皆謂夫子不告子路，不知已明白說了也。王氏曰道無生死，聞道則能通晝夜一生死，虛靜光明，超然而逝，無生死可說，故曰夕死可矣，猶云「未嘗生未嘗死」也。儒者謂聖人不言生死，殊不知只此數語已足，何用多言？凡人生死不明，而能通耳目聞見之事，無是理也；生死不明，而能忘利害得失之境，亦無是理也。故於生死之說而諱言之者，其亦不思而已矣。人把道看得輕，死看得重，豈知人生修短不一而無不盡之身，有生必有死，有晝必有夜，貪生怖死，達士所笑，但醉生夢死最不可耳。

道者，天命之性，人之性。人之所以為人，乘此而來，當抱此而往。不聞道者，死眞死也，生之理已滅也，死而枉死也，生之理未畢也；知道者，但論何時聞，不論何時死，本性得現，大事已畢，生死如一，說甚朝暮。此箇消息，紙不能載，手不能授，口不能傳，反而求諸吾心，必有所得。孔子為人虛生浪死，出此「朝聞夕死」話頭，洩盡天機。須思道是何物，聞道是何光景。宗廟之美，百官之富，還親自打開門去看。

問　夢中何以作主？

曰　覺主之。

問　死何以作主？

曰　生主之。

覺常惺，則夢常清矣；生無昏夢，則死不魂游矣。昔沈文憲公為學時，晝卜諸妻子，夜卜諸夢寐，蓋夜之所夢，皆是心中所有。若心中所無，必不入夢，故男不夢生子，女不夢娶妻。凡夢中奇幻百出，皆日中妄念所致。陸放翁有句云「家貧占力量，夜夢驗工夫」，誠哉是言也。

問　伊川先生說「游魂為變」曰「既是變，則存者亡，堅者腐，更無物也」。

曰　此殆不然，只說得形質耳。游魂如何滅得，但其變化不可測識耳。聖人即天地也，不可以存亡言。楊龜山謂「顏淵死，而有未死者存」，朱子未然其說，明高景逸謂「人為萬物之靈，必不隨死而俱泯」。試觀古來忠臣義士，精爽常存天壤，何曾亡滅？由其成仁取義，與天地正氣合也。後儒避佛氏之說，而謂賢愚同歸於盡，非所以立教也。況乎存心養性之大儒、存無守有之仙品耶。

問　道家講呼吸，不知儒釋同否？

曰　但有輕重，何曾不同。張子謂「瞬有存，息有養」，朱子晚年著有調息箴曰「調息亦養心之一助」，湛甘泉曰「人之一呼一吸，天地之氣也。氣在天地，吸之卽翕，是天地之氣通我也；呼之卽闢，是我之氣通天地也。是故知天地人為一體」，佛家智者大師止觀經有調息之法、楞嚴經廿五圓通有「觀鼻端白數息」一門。東坡謂調息之道為三教公共法門，不為無見。蓋呼則接天根，吸則接地根，卽「乾坤，闔闢之機」也；呼則龍吟雲起，吸則虎嘯風生，卽「一闔一闢謂之變」也；風雲感合，化生金液，卽「往來不窮謂之通」也。邵康節詩云「天根月窟閒來往，三十六宮皆是春」，非講呼吸而何？

問　六祖壇經有：「生來坐不卧，死去卧不坐；一具臭骨頭，何為立功課。」有謂靜坐為磨磚作鏡，有謂蒲團靜攝不足以了大事，可見靜坐無益，何三教門中又有說要靜坐者？書中互相矛盾，究以何者為主？

曰　六祖、南嶽，皆講頓法，靜坐乃漸修法門，道家南派皆不專重靜坐，只要活活潑潑，動處煉神，雖不坐亦坐，然而難矣。如儒家亦有以靜坐為近禪，或謂白日著鬼魅，或謂鬼窟裏作生涯，何以龜山、延年終日默坐澂心，程子見人靜坐便以為善學，朱子教人半日靜坐，象山、陽明莫不皆然？如來雪山六年，達磨少林九載，二祖數十年脇不着席，又為何事？初學非靜坐何能收攝精神？此種道理，切不可死於句下，執一不通，宜參玩自悟始得。

問　頓漸。

曰　圭峯禪師講得甚好。圭峯云：「一，漸修頓悟如伐樹，片片漸砍，一時頓倒；二，頓修漸悟，如人學射，頓者箭箭直注意在的，久久方中；三，漸修漸悟，如登九層之臺，足履漸高，所見漸遠；四，頓悟頓修，如染一綟絲，萬條頓色。」上四句多約證悟，惟「頓悟漸修」此約解悟。如日頓出，霜露漸銷，華嚴經說初發心時，便成正覺，然後登地次第修證。若未悟而修，非眞修也。惟此「頓悟漸修」，既合佛乘，不違圓旨；如「頓悟頓修」，亦是多生漸修，今生頓熟。今悉示爾，可熟參之。

問　悟既頓悟，何假漸修？　修若漸修，何言頓悟？　頓漸二義，願為宣說，令絕諸疑。

曰　頓悟者，凡夫迷時，四大為身，妄想為心，不知自性卽是眞佛，心外覓佛，波波浪走，忽被善知識指爾入路，一念迴光，見自本性，而此性原無煩惱，本自具足，故云頓悟；漸修者，雖悟本性與佛無殊，而無始習氣卒難頓除，故依悟而修，漸熏功成，長養聖胎，久久成就，故云漸修。比如孩子初生之日，諸根具足，與大人無異，然其力未充，須經歲月，方可成人。夫入道多門，以要言之，不出二者，楞嚴經云「理卽頓悟，乘悟併銷，事非頓除，因次第盡」是也。

問　道家講煉精煉形，何以佛門不聞是說，專以涅槃為究竟？

曰　佛家說性處多，言命處少，然余讀大乘經典，處處有這箇道理，人自不悟耳。如寒山大士是文殊化身，其詩云「益者益其精，可名為有益；　易者易其形，是名為有易。能益復能易，當得上仙籍；　無益復無易，終不免死厄」，又詩云「欲識生死譬，且將冰水比；冰水結卽成冰，冰消反成水。　已死必應生，出生還復死；　冰水不相傷，生死還雙美」。夫曰「能益復能易」，又曰「生死還雙美」，此明明示人形神俱妙，超脫生死之一境也。

問　長生之說。

曰　修持之要，千聖萬眞，總歸寂滅，學道而不至於寂滅，未有能度劫者也。然而仙佛有分，在於煉性煉氣之間耳。佛家重煉性，靈光獨耀，迥脫塵根，此謂性長生；仙家重煉氣，淘出純陽之體，金光法界，自我為之，此謂氣長生。究竟到得無上之根原，就是氣也是性，長生也是寂滅。何也？此氣若是陰陽五行之氣，是有形有質之物，以如是生，亦以如是死，以此為人，亦以此為鬼。至於仙家所煉之氣，蓋有超出於五行之外者，約而言之，總是元始以來，一點靈光，渾融週遍，太和至虛之物，而實無此物也。既無此物，則更有何劫之可度？而世之學仙者，妄意推測，以為仙人是享福受用，一班快活的人。夫有福可享，則便有罪可遭；既有快活，則便有愁苦：二者乘除之數，相對之理也。而世人愚癡，作此等見，是具貪瞋癡三種妄心，以此學道，去道遠矣。

問　結丹。

曰　結丹之道，一而已矣。得其一，萬事畢。一者，一也。一可以名言者乎？曰：可。一無他，虛而已矣。吾與子談道，只說得一「虛」字。煉心，虛也；採藥，虛也；結胎，虛也；陽神，虛也；煉虛，以虛還虛也；元關，以虛覺虛也。千虛萬虛，總是一虛。虛非空空之虛，乃實實之虛；虛非散散之虛，乃渾渾之虛：故曰一。我今不說「虛」字則已，若說「虛」字，子試觀身內件件皆實乎？件件皆虛乎？本來皆虛也，而子皆實之：心本虛也，而子以根塵實之；神本虛也，而子以思慮實之；精本虛也，子以淫慾實之；氣本虛也，子以勞擾實之；意本虛也，子以喜怒哀懼實之；鼻本虛也，子以多嗅實之；耳本虛也，子以多聞實之；目本虛也，子以多見實之；口本虛也，子以多言實之；手本虛也，子以妄作實之；毛竅本虛也，子以腥穢實之。本來件件皆虛，經子件件皆實，而身心遂為實所桎梏矣。嗟乎！以至虛之物，而遇至實之子，如羽毛之入水，不能飛揚，必至腐爛矣。然則何以返乎虛？儒家曰「止」，道家曰「靜」，釋家曰「定」。將實者刻刻消除，如一隻空缸，滿以糞土，去之要費工夫。若能當下印證本來，片時直超無漏，如疾風捲塵，太陽消雪，斯為無上明覺，結下丹元，轉瞬間事耳。（上兩段說本唱道眞言、眞詮。）

問　何為權實？

曰　仙佛門中，權法十居八九。念佛，權法也；參禪，權法也；守戒講經，權法也；即道家之修丹，亦莫非權法也。佛經云：「空拳哄小兒，誘度於一切。」

曰　念佛、參禪、守戒、講經，皆以止念收心，固為權法，何修丹亦為權法乎？

曰　白玉蟾眞人云：「人但心中無心，念中無念，純清絕點，謂之純陽。」蓋仙家本是教人養神，因人迷溺於欲，不能一刀兩段，故設為長生之說，誘人修煉。世人貪著長生，方肯放下嗜欲，一心煉精氣。此是內有所緣而輕外也。及修煉到三宮升降時，其身中快樂，不可言喻，便大生貪著，一切都輕，此心有所緣繫，漸得甯靜，元神漸顯，此是嬰兒見象。由是進入虛空，心無染着，萬慮俱融，元神顯見，去來自由，形骸不能礙他，此是超脫。其實借煉精炁以繫此心，養得元神靈妙耳。所謂「用鉛不用鉛，還向鉛中作；及至用鉛時，用鉛還是錯」，非煉神之外精炁別成一嬰兒也。

曰　仙佛如此，儒家亦有權法否？

曰　觀聖門同一問孝問仁，而所答各不同，俱是對症發方，何一非權法乎？

問　「實」何在？

曰　清靜自然而已矣。

問　佛門有最上一乘，道中亦有最一乘否？

曰　老子清靜經卽道家最上一乘，無上至眞之妙旨也。以太虛為鼎，太極為爐，清淨為丹基，無為為丹母，性命為鉛汞，定慧為水火，懲忿窒慾為水火交，性情合一為金木併，洗心滌慮為沐浴，存誠主敬為固濟，戒定慧為三要，中為元關，明心為應驗，見性為凝結，三元混合為聖胎，性命打成一片為丹成，身外有身為脱胎，打破虛空為了當，此最上一乘之妙也。至士可以行之。功滿德隆，直超圓頓，形神俱妙，與道合眞矣。（說本中和集）

問　佛言無相，仙貴有生，二說背馳，何從印證？

曰　吾聞之至人，無始以來，一點靈光，是謂本來面目，吾人之實相也，仙佛聖凡，同具同證；一自落於形質之中，此段靈光，埋没沈淪，罥掛輪網，所以至人導之修養，始有二氏之學。仙主修，佛主養。養者，涵養熏陶，俟其自化，其功密，其程遠，而實難；修者，省察克治，冀其速化，其功勤，其效速，而較易。其程遠，故拋身入身，經累刦而始成；其效速，則身外有身，卽現前而便獲：所以仙佛異修。方諸清水入於泥淖之中：佛則番番澄矴，去濁留清，經幾時歲，然後有以復其清湛之體；仙則假以藥石，立地取清，效雖速而終有夾雜，所以必加面壁之功，抱元守一以空其心。昔人有言「身外有身，未為奇特；虛空粉碎，始露全身」，至哉言也。（說本陸潛虛眞人）

問　今之談元功者，動曰「金丹大道」，不知儒家亦有丹乎？

曰　大學自「知止」以至於「得」，所「得」何事？中庸「苟非至德，至道不凝」，所「凝」

何事？易「窮理盡性以至於命」，「至命」又是何事？況為子而孝，孝卽金丹；為臣而忠，忠卽金丹；兄弟友，夫婦和，長幼敘，朋友信，皆金丹也。修齊治平，天德王道，無非金丹妙用之極致，先賢先聖皆是丹師，四子五經莫非丹訣。修煉者以格致築基，以誠正煉己，天理為藥材，至性為採煉，仁義禮智孝悌忠信為火候，至誠無為為河車，希聖希天為移爐換鼎，盡性知天為出胎，位育參贊為脫化，則超凡入聖，位證天仙。此人人可學，原非異事也。（說本執中蘊義）

問　十詠中有破障歌，未識障有幾重，從何而去？

曰　蓮池大師有云：「修行去障，畧有五等，喻如一人之身，五重纏裹。最外鐵甲，次以皮裘，次以羅衫，又次貼肉極以輕綃，次第解之，輕絹俱去，方是本體赤歷自身。行人外去粗障，去之又去，直至根本無明，極微極細，皆悉去盡，方是本體清淨法身也。」

問　十詠中悔過歌得毋以過待人歟？

曰　人非聖賢，孰能無過。世人自命無過，便是貢高自滿。學者貢高自滿，則永無進境矣。三教門中，誰不從悔過起手？不但佛門之懺悔最為得力，卽質諸五經四書，莫不三致意焉。故易著風雷之勇，書垂不吝之文，詩歌維新之什，春秋顯微，以至於禮之所以陶、樂之所以淑。孔曰「勿憚」，曾曰「其嚴」，中庸之「寡過」，孟氏之「集義」，無非欲人復其無過之體，而歸於自新之路耳。素問、青囊，皆前聖已效之方，而傳之以救萬世之病，非欲於病除之外別有所增益也。

問　經書垂訓，實具修齊治平之理，豈專為一身一心悔過自新而已乎？

曰　天子能悔過自新，則君極建，而天下以之平；諸侯能悔過自新，則侯度貞，而國以之治；大夫能悔過自新，則臣道立，而家以之齊；士庶人能悔過自新，則德業隆而身以之修，又何弗包舉統攝乎？

問　鬧熱場中，不如清閒境界，人生安得長處清閒？

曰　此事惟蓮池大師說得好。師云：「厭喧求靜，人之常情。有習靜者，獨居一室，稍有人聲，便以為礙。夫人可禁也，鴉鵲噪於庭則如之何？鴉鵲可驅也，虎豹嘯於林則如之何？虎豹猶可使獵人捕之，風響水流、雷轟雨驟則如之何？故曰『愚人除境不除心，智者除心不除境』。欲除境而境卒不可除，則道終不可學矣。或曰世尊不知五百車聲，蓋禪定中事，非凡夫所能。然則高鳳讀書，驟雨漂麥，當是時，鳳所入何定？不明志之不堅，而嫌境之不寂，亦謬矣哉！」

問　宗門不肯說破，一切公案不肯註釋，往往令後人捉摸不定，閱之毫無趣味，其故安在？

曰　古尊宿作家相見，其問答機緣，或無義無味，或可驚可疑，或如罵如謔，而皆自眞參實悟中來，莫不水乳融、函蓋合，無一字一句浪施也。後人無知傚顰，則口業不小。譬之二同邑人，千里久別，忽然邂逅相對，作鄉語、隱語、諺語，旁人聽之，亦復無義無味，可驚可疑，如罵如謔，而實字字句句皆衷曲之談、肝膈之要也。旁人固不知是何等語，而二人默契，如水乳、如函蓋矣。今人不如緘口結舌，但向本參上著力，只愁不悟，不愁悟後無語。悟後於一千七百公案，無不可以心印心，何必說破，何須註釋，而阻後人之悟機也哉？（說本蓮池大師）

問　近日講學家，往往說程說朱，宗王宗陸，平日儼然自命道學，啟口卽闢二氏，及試以患難，則便立脚不住，竟有一敗塗地，大負初心者；又有參禪學道之輩，或機鋒敏捷，或著作繁富，及細察其行徑，非大躭煙酒，卽沈迷財色。豈學不可講、禪不可參、道不可學歟？

曰　非也。其病在於尚口說，不重躬行，騖虛名而忘實踐故耳。若眞正為生死人，無不首尊德行，欲度世必先自度，不自度而度世者，未之有也。六祖云：「自性眾生誓願度。」吾人一念迷卽眾生，一念悟卽佛。自己便是眾生，尚不能度，更何能度眾生乎？孟子曰：「夫子教我以正，夫子未出於正也。」故有志之士，須以躬行為急務，不然，其不蹈此弊者幾希矣。

問　志學多年，自顧無長進，奈何？

曰　自知無長進，便有長進矣；　自以為有長進，便無長進矣。果然省察克治，如走路人不歇脚，終有到時。又朱紫陽謂「非全放下，終難凑泊」，二曲謂「學問非大死一番，則必不能大徹」，六祖謂「久而不退者，定入聖位」。若眞無長進，自是志不堅定，黏皮帶骨，擺脱不開故耳。

問　禮拜之事何如？

曰　大道雖不在此，然亦初學收心之捷訣。吾人終日所接，皆俗情俗事，俗人俗物，早晚或向天、或向神聖位前焚香，虔誠頂禮，神氣頓覺一清，趁此時，如人子對父母昏定晨省，看我所言所行，有不可告天地神明之事與否，無則心安理得，有則向神前懺悔。久而不間，自然為入德之基。如遇出外作客，不便著相，可早晚於牀上整襟端坐，虔具心香一炷，默叩，久之不但過少，亦可藉結仙緣。譬如良師益友，常相親近，必收觀摩之益。而況神聖在天之靈，有不垂顧者乎？若能終日欽懍，恒如對越帝天，則尤更上一層矣。

問　導引之法何如？

曰　此雖小乘法門，類皆從軀殼上用功，而於性命無益。然行之不間，却病延年，可操左券。竊見親友中常行導引者，往往壽登耄耋。蓋人之一身如房屋，心性如主人，倘房屋破朽，主人亦難棲身。諺云：「無病是福。」人有疾病，則苦惱憂愁，勢所必至。雖帶病延年，世亦常有，而飲食起居，諸不自在，終年困於牀褥，苦於藥餌，究有何味？反不如速死之為愈也。故道門借假修眞，從命起手，卽是此意。

如津逮秘書所載老子按摩法及世傳達磨易筋經、八段錦、陳摶坐功之類，只須擇做數則，不必多習，多則久不耐煩，易於間斷，間斷則無效矣。近西法講體操之學，使人肥健有力，吾中國何嘗無是學？但苦無人講求，或知而不行，行而不專，忘却自家寶藏，却去託缽沿門，豈不可哂？ 吾友侍鶴山人刊有中外衛生要旨，廣集却病養身諸法，最於後學有益，養生家不可不熟觀也。

初學入室興工，若能動靜交養，心性和平，而又使氣血流暢，見效更速。 愼勿見各丹書所闢，遂一概禁人行持。 蓋著書家宗旨各別，彼但自伸其說，遂將一概抹倒，不覺言之已甚，不可不知也。

問　持誦經咒之事何如？

曰　上士果一志聖學、禪學、元功，則持誦也可，不持誦也可； 如中下之士，心不甯靜，質不明敏，暨婦女之輩，又平日業障重、苦惱多者，一旦深自懺悔，焚香向天盟誓，則非此不為功，此事極可消業障、收放心、超度幽冥、潛開智慧。 昔佛祖具大願力，顯大神通，演說經咒，皆為救度一切人天起見。 不惟佛書可信，即證諸堅誠持誦之人，常不間斷，日後必有結果之處。 但須力除不善語言、不善心行，方有應驗。 如久誦金剛經、心經及大悲咒、往生咒，擇一二種堅誠持誦，歷久不間，臨終亦可了然來去，仙佛來迎。 雖不能上比禪學、元功，究不必分軒輊也。 古人謂：「種瓜得瓜，種荳得荳。」洵不誣也。

問　呂祖眞金歌有云「持經咒，念法科，喃喃不住誦者多； 若是念經超生死，徧地釋子成大羅」，又曰「度人須要眞經度，若問眞經癸是鉛」，此又何說？

曰　當日祖師苦口婆心，欲人人同修大道，超出生死。又見世之釋子，奉行故事，不過為衣食起見，實少眞心修行者，故捨此取彼。觀揚州石天基，叩問念佛於懸乩，呂祖示以一偈，中有「念成舍利超生死，念結菩提了聖凡」之句，便可恍然悟矣。

夫經者，徑也。所以示人修行之徑路，原要人口誦心維，自悟本性。如金剛、圓覺、法華諸經，何一非上乘之法？故後西遊專以取經解為宗旨也。

至各種咒語，乃是密宗，佛祖垂訓不譯，自有深意。咒如軍家秘令，鬼神聽命，誦之誠篤，終身不間，竟有不可思議之處。余先叔碩庵公喜禮拜持誦，十餘年如一日；先母羅太宜人，誦往生咒至六十萬，心經、大悲咒數藏，佛號無算，雖七十餘，猶早晚跪誦，臨終皆大有效驗。先叔捐館時，端坐而逝，猶口誦經；先母棄養時，頂熱如火，至三時之久，兩日猶面放光明，笑容可掬。確皆往生，有實證據。又閱居士傳、善女人傳記載亦夥。但此種法門，多種來生福慧，終不能變化神通，萬劫不壞。惟性功圓滿，生上品蓮臺者，方證佛果也。

問　何為變化氣質之方？

曰　吾聞諸師云：「大學四有所、五之其章，皆字字直捷指點，最宜反復玩味，體諸身心，一切無明、貢高、是非、人我、煩惱、執著均不出此兩章之內。」閒嘗內省思齊，覺人與我不能造聖賢仙佛地位者，莫不坐此數病。總而言之，「愛」「憎」二字尤是無明根本。大凡性情偏僻者，無不喜諛而惡直，愛之則欲其生，惡之則欲其死，有能好而知其惡、惡而知其美者乎？世人多後天用事，使任血氣，焉有長進之日？

姚江云：「凡人言語到快意時，便截然能忍默得；意氣正當發揚時，便翕然能收斂得；嗜欲正到沸騰時，便廓然能消化得：此非天下之大勇不能。」又曰：「變化氣質，居常無可見，惟當利害、經變故、遭屈辱，平時忿怒者到此能不忿怒，憂惶失措者到此能不憂惶失措，始是得力處，亦便是用力處。」

又昌江示人學喫虧、學認錯，夫喫虧、認錯何須要學？只因舉世人情，不但有大利益之處不能喫虧，即語言稍落人後亦必爭辨不已。認錯尤不容易。今人我相太重，明知故犯者不少，又安有肯認錯者？不肯認錯，自然不肯喫虧。肯喫虧、肯認錯，氣質自然漸漸變化。故要去學一番。

問　仙家路徑直截，果得眞師傳授，又得侶護扶持，三五年中，便能成道。何其元妙乃爾？

曰　雖則元妙，苟非磨煉心性，變化氣質，隨時修德，上格天心，不惟眞師難遇，多走入邪魔外道。縱使前因深厚，幸遇眞師，亦必魔障迭起，終難成功。蓋無德不足以遇師，無德不足以聞道，無德不足以成道。故余積德歌首句卽曰「道德從來非兩事」也。

問　仙家供養常不及佛門者，詎仙佛果分軒輊歟？

曰　佛門願力廣大故也。試觀阿彌陀佛立四十八願以度衆生，觀音三十二應以救塵世，地藏願度盡地獄，純陽願度盡衆生始成佛果，今世之敬禮彌陀、觀音、地藏、呂祖者何處蔑有？感應之道，自然如嚮。余讀諸大乘經，如華嚴行願品「是故菩提屬於衆生，若無衆生，一切菩薩終不能成無上正覺。善男子，汝於此義，應如是解，以於衆生心平等故，則能圓滿大悲。以大悲心隨衆生故，則能成就供養。如來、菩薩如是隨順衆生，虛空界盡，衆生界盡，衆生業盡，衆生煩惱盡，我此隨順無窮盡，念念相續，無有間斷」等語，乃歎佛門願力廣大也。

問　先生精於岐黃，早年所著各種醫書，何不次第付梓，俾人免夭札而登仁壽，豈非一大方便？

曰　身病易醫，心病難醫。吾自己心病尚多，克治尚且不暇，何能為人醫病？然子既具此善願，試引述前人治身心數驗方以療大眾疾苦可乎？

刻下舉世大病，不在於國而在於家，不在於家而在於身，不在於身而在於心。心病不去，而欲身無病者，鮮矣；家病不去，而欲一鄉一國無病者，鮮矣。

服藥須忌口。聞師友訓誨，讀先哲格言，服藥也；體諸身心，驗諸實踐，忌口也。

二曲先生云：「人之病痛各別，或在聲色，或在貨利，或在名高，一切勝心、妬心、慳心、吝心、人我心、是非心，種種受病，不一而足。須自克自治，自復其元。苟所病不除，卽終日講究，只成畫餅，談盡藥方，仍舊是箇病人，可慨也已。吾人諸病易拔除，惟葛藤好名之病不易除。不講學者無論已，乃有挺身號召，名為講學者，及察其實，仍舊掣章句，論書旨，如此是講書，非講學也。卽眞正不泥章句，不滯故紙，能以理道為勝，則又捨各人進步之實，茫不究心，往往言太極，談性理，朱陸異同，指陽明近禪，葛葛籐籐，惟鼓唇吻，此一病也。淺之為富貴利達之名，深之為聖賢君子之名，淺深不同，總之為大病。此病不除，卽謹言愼行，終日冰兢，自始至終，毫無破綻，亦總總瞻前顧後，成就此名根，為病愈深，死而後已。此膏肓之病，盧扁所望而却走者也。」

又純陽祖師執中蘊義云：「丹者，藥也，所以治病。但治病有四等：病癥結者宜攻散，病狂悖者宜鍼砭，病積滯者宜消導，大病去而本元未復者宜大補。正心，攻散之劑，治癥結也； 敦倫，鍼砭之方，治狂悖也； 性學，消導之法，治積滯也； 元功，大補之湯，亦曰續命湯，治本原未復也。四者不容缺一。然大病初除，而餘邪未盡，驟用大補，恐致夾邪，復滋反覆，宜用調中理氣法，先服養心定性丸： 一曰立志，味苦入心經，治委靡因循搖奪諸證，令人專一，强筋骨，久而不變者良； 二曰絕慾，味鹹，專補腎經，固精益髓，壯元陽，久服令人長壽，交心腎，閉而勿洩者良，洩則無效，一法擦腎堂，摩小腹，極熱為度，可保勿洩； 三曰細心，味辛，益智慧，除迷惑，久服能開悟性，通元奧； 四曰忍耐，味淡無氣，入火不燃者良，平肝火，瀉心火，除煩燥，解瞋怒，和平定性，中宮要藥，服之令人廉靜寡慾，以三自反製之，兼治橫逆外感雜症； 五曰忘己，味甘，滋五臟六腑，通耳目喉舌四肢，無人我者佳，先以四勿湯洗淨，能治視聽言動非禮諸病，再以四絕湯泡製，能杜意必固我之根，久服則私欲淨盡，天理流行，心性中聖藥； 六曰養氣，性溫，鼻息出入者為後天氣，藏於氣海者為先天炁，異名同根，出元關祖竅，周行經絡，通任督，常依心君神火，能成大丹，忌情慾，過則消耗，惡暴喜靜，勿忘勿助製之，由調息以至眞胎息者效。其藥六味，主人翁採辦道地，入心齋神室，依方虔製，誠意為丸，光明子大，每早二丸，中和湯化服，不拘劑。外更有二法：一名轉河車，一名内觀心地，最助藥力，宜兼用之。至餘邪盡散，性定神清，元氣充足，接服上乘九還丹。」

問　各種心病，承先生旣盡指示，不知治身病之法奈何？

曰　治身病之法，各醫書所載已詳，何庸贅及。

夫身病内則七情，外則六氣。六氣者，風、寒、暑、濕、燥、火是也；七情者，喜、怒、哀、樂、愛、惡、恐是也。六氣為病，死於藥者多，死於病者少。若七情為病，淺者可治，深者則非草木所能為力。仙家接命之法多端，類皆非世俗所熟聞。卽如金丹眞傳所載孫教鸞眞人用栽接初工，救垂死病甚驗，其法非苦訪不能得，非巨室不能行，非高明不能信。惟醫家外治，如蒸臍鍼灸等法，治一切風濕陰寒、下元虛冷諸症，直達病所，見效極神，世皆視為秘訣，不肯傳人。今不惜金鍼度世，一一刊出，救人疾苦，得者須體鄙懷，隨行方便，廣積陰功，如居奇射利，必遭陰譴。

又靜工各條，俱道家不傳之秘，果能專守一門，小則却病延命，大則超凡入聖，幸毋輕忽。每日以三炷香為期，初行用五六寸小香，熟則用尺許長香，如不間斷，不須百日，靜中卽可養出端倪，自領畧箇中滋味，又何患諸病之不除哉？

問　各丹經中，有教人守泥丸，觀鼻白，或守印堂，或以心觀心，或守中，或凝神炁穴，或守下丹田，或守密户，或泥丸、下極子午分守，究竟當以何為宗？

曰　皆可宗也，無非止修之法耳。佛經云：「繫心一處，無事不辦。心果堅，志果定，功果篤，性果純，則諸法俱有益；心不堅，志不定，功不篤，性不純，則諸法俱無效。」觀鼻白，佛門法也；以心觀心，儒釋兩家多宗之，專養一點虛靈故也；觀印堂、觀密户，皆道門添油小法。

存想中田，則為抱元守一之說，徹始徹終，以土位於中，能交通心腎故也，北派媲諸黃婆，黃者「中」之色，婆者「和」之意，「黃婆」原有數喻，此其一也；氣穴，即臍內一寸三分，「前對臍輪後對腎，中間有箇眞金鼎」，即命蒂也。火旺人宜存想中田，火衰人宜凝神氣穴或下丹田，此一定不易之理。此二條直從性命起手，皆道門正法，但初用工不可太執著，執著反生病，古人謂「知而不守是工夫」也。

無論何法，初行時但須微微用一點眞意，照顧其中，若有若無，勿忘勿助，務須俗慮盡泯，心息相依，寂而常照，照而常寂，習之既久，神炁自然凝聚，呼吸自然歸根，靜極生動，方有作用。厥後由下而中，由中而上，移鑪換鼎，步步皆有秘密天機，天律至嚴，不敢盡洩。然非謝絕應酬，擺脱俗務，亦不易行也。學者縱未得元門火候，卽專行此等法，亦可却病延年。

存心養性，守泥丸兼下極者，亦道門簡易之法。果能子午功勤，能使性命常交，形神不老，終年不間，可以大開智慧，日後來去了然，若操左券。

至閉息引炁之法，雖是二乘，亦有捷效，却不可操之過急，惟心平氣和之人，乃可行之，又必先從調息始。俟氣息調匀，稍坐片時，口鼻卽無呼吸，已成胎息者，方可練習，否則弊病不淺矣。

余憫學者訪道艱苦，直洩天機，得者珍之。所列法門雖多，不過以備採擇，只可專行一門，未可雜亂。如一暴十寒，朝更夕改，未見有成者也。願學者其各勉旃。

問　點化黄白之術果有之乎？

曰　有。參同契云「爐火之事，確而有據」，又曰「不得其理，難以妄言」；竭殫家產，妻子飢貧。自古及今，好者億人；訖不偕遇，希有能成」。假使虛幻，則以前石函記、金穀歌、地元眞訣、漁莊錄、洞天秘典、黄白破愚、承志錄、十段錦等書，說得原原本本，豈皆後人偽造者乎？惟此事須夙植仙根，且修至德，始能有遇有成。不然，縱遇眞師，定遭魔障。昔鍾離授於呂祖而不受，東坡得眞訣於寺佛臍中而終身不一試，誠高見也。余道友戴公，好此數十年，每談及此，則覺色舞眉飛，津津樂道，現年將古稀，猶參訪不倦，近聞新得童公之傳。余於此事處之淡然，不敢妄生希冀，蓋自知德緣淺薄，竊恐時光不再，不願以此耽擱大事也。

問　南宮列仙可超脫生死否？

曰　南宮乃仙術，非至道也。劍術為上，諸法次之；氣劍為上，鐵木次之。不修至道，難免三災。有夙緣者自遇，不必妄求。余弱冠曾經問津，今則無是志矣。

按：以上問答法語皆諸友疑難之處，先生或證以諸家語錄，或印諸心得，而莊稟命謬演為問答者也。先生云：「吾原不敢竊取名言據為己有，亦不敢杜譔以誤後賢。古之人有言之者，吾不能出其範圍也；古之人有未經盡言者，吾不妨為之引伸也。文求明道而已，何必問為古人之言與我之言歟。余雖辜負師友，自愧未成，譬諸義渡船夫，但願度大眾各登彼岸，雖一身飄泊於江湖而不顧也。」莊聞是語，不覺肅然起敬。吾師願力宏深，其眞菩薩心腸也哉！

西昌後學夏敬莊謹識

節錄李二曲先生學髓一則

虛　明　寂　定

齋戒
此神明其德之要務也
靜坐

昧爽香 鷄鳴平旦。與此相近。起而應事。易於散亂。先坐一炷以凝之

中午香 自朝至午。未免紛於應感。急坐一炷以續夜氣。

戌亥香 日間語默動靜。或清濁相乘。須坐一炷以驗之。果內外瑩徹脫灑不擾否。

問得力之要。曰其靜乎。曰學須該動靜，偏靜恐流於禪。曰學固賅動靜，而動則必本於靜。動之無妄，由於靜之能純；靜而不純，安保動而不妄。昔羅盱江揭萬物一體之旨，門人謂如此恐流於兼愛。羅曰：子恐乎？吾亦恐也。心尚殘忍，恐無愛之可流。今吾輩思慮紛拏，亦恐無靜之可流。

新建論動靜合一，此蓋就已成言。方學之始，便欲動靜合一，猶未馴之鷹，輒欲其去來如意，鮮不颺矣。卽新建之盛德大業，亦得力於龍場之三載靜坐。靜何可忽也。

然則程必以香，何也？曰：鄙懷俗度，對香便別，限之一炷，以維坐性，亦猶猢猻之樹，狂牛之栓耳。曰：每日三坐，不亦多乎？曰：吾人自少至長，全副精神俱用在外，每日動多於靜，今欲追復元始，須且矯偏救弊，靜多於動，庶有入機。三度之坐，蓋為有事不得坐，及無坐性者立。若夜能持久，則不在此限。

水澂則珠自現，心澂則性自朗，故必以靜坐為基。三炷為程，齋戒為工夫，虛明寂定為本面，靜而虛明寂定是謂未發之中，動而虛明寂定是謂中節之和。時時返觀，時時體驗。一時如此，便是一時的聖人；一日如此，便是一日的聖人；一月如此，便是一月的聖人；終其身常常如此，緝熙不斷，則全是聖人，與天為一也。齋者，齊也，所以齊其不齊也，或靜或動，覺有一念之不如此，便是不齊，卽齊之使齊；戒者，防非止惡，肅然警惕之謂也。終日乾乾，保攝乎此而已矣。此外種種才技，凡可以震世耀俗，而垂休聲於無窮者，皆役此戕此之賊也。夫我則不暇。

問虛明寂定之景若何。曰：卽此是景，更有何景。虛若太空，明若秋月，寂若半夜，定若山嶽，則幾矣，然亦就景言景耳。若著於景，則必認識神為本面，障緣益甚，本覺益昧。

問：醒時注意本眞，亦覺有此趣，夢裏未免散亂，奈何？曰：夢裏散亂，還是醒不凝一，醒果凝一，自然無夢，卽夢亦不至散亂。

寐時漫無主張，死時又將何如？寐為小死，死為大死，不能了小死，何以了大死？故必醒如此，寐亦如此，生如此，自然死亦如此矣。存順没甯，是善吾生者，正所以善吾死也。

歲時易過，富貴如電，吾身尚非吾有，身以外何者是吾之有，須及時自策自勵，自作主宰，屏緣滌慮，獨覷本真。毋出入，毋動搖，毋昏昧，毋倚落，湛湛澂澂，内外無物，往復無際，動靜一原，含眾妙而有餘，超言思而迥出，此一念萬年之眞面目也。至此則無聖凡可言，無生死可了。先覺之覺後覺，覺此也；六經之經後世，經此也；大學之「致知」，致此也；中庸之「愼獨」，愼此也；論語之「時」「學」「習」，學習乎此也；孟子之「必有事」，有事乎此也；以至濂溪之「立極」，程門之「識仁」，朱之「主敬窮理」，陸之「先立乎其大」，陽明之「良」，甘泉之「認」，無非恢復乎此也。外此而言學，卽博盡羲皇以來所有之籍，是名玩物；著述積案充棟，是名喪志。總之為天刑之民。噫！其弊也久矣。

問：心何以有出入？曰：心無出入，有出有入者妄也。須令内緣不出，外緣不入，不為窮通、得喪、毀譽、生死所動搖，時振時惺，不使懈惰因循生昏昧，不倚見聞覺知，不落方所思想，始可言心。

通書云：「君子以道充為貴，身安為富，故常泰無不足，而銖視軒冕，塵視金玉。」朱子云：「周先生見世間人墮在火坑中，只不自覺，故叮嚀如此。」可知人生天地間，惟聞道最難，亦惟聞道最貴。今先生以學髓示人，開關啟鑰，傾吐先儒不言之隱。滴滴心血，度盡火坑，其欲立立人、欲達達人之心，蓋廓乎無垠哉。嗟乎！人誠致力於斯髓也，銖軒冕而塵金玉矣。（倪元垣謹識）

按　此條可貫三教，亟錄之以示學者。一日三靜，不廢正事；人人可學，不假外求。至用功諸法，已見於後，各隨人願力行之可也。（方內識）

與艮庭三哥論守中書

前偶見小磻親家所致一函心腎槖籥之說，二十年前蒙磻師示以守中要旨，厥後各處印證，再加窮究性理丹經，頗覺觸處會通。千慮之得，不知有當高明與否。然弟兄講學，亦何可少此一段切磋也。尚祈轉有以教之。幸甚。

心腎相隔八寸四分，猶天地相隔八萬四千里。老子謂：「天地之間其猶槖籥乎。」槖者，虛器也，妙也；籥者，其管也，竅也。天地以大槖籥鼓鑄萬物，萬物以外槖籥生育男女（萬物皆有陰陽，卽萬物皆有男女。乾直而動，籥也；坤靜而翕，槖也）。聖賢仙佛以內槖籥配養道義，交融水火。陰符經曰：「爰有奇器，是生萬象。」奇器者，槖籥之謂也。天地無心腎，以日月為心腎（離為日，坎為月），故日月可取水火也；人身無日月，以心腎為日月（心為離，腎為坎），故心腎喻坎離也。天地人，大三才也；人身之上中下，小三才也。天地以氣交，人卽在氣交之中。老子道德經不曰「天地其猶槖籥」，而曰「天地之間其猶槖籥」，此理最宜玩味。黃庭外景經云：「三關之間精氣深，子欲不死修崑崙。」註云：「人身有三崑崙，上在泥丸，下在氣海，中崑崙隱在身中，為至清至空之境。」誦黃庭者須要在「之間」二字著眼，吾謂讀道德經者亦須要在「之間」二字著眼。蓋「間」猶「中」也，邵子所謂「天向一中分造化」，朱子所謂「中間空處」是也。人身一小天地，獨不可曰「心腎之間（上三寸六，下三寸六，中間一寸二分），其猶槖籥乎」。前人有曰房者矣，有曰堂者矣，有曰庭者矣，吾獨不可曰房、曰堂、曰庭，而曰位，徵之鼎、坤、艮而益信焉。鼎之大象曰：「木上有火，鼎，君子以正位凝命。」夫槖籥者，抽風引火之具也；鼎乃貯物之器。物非風火不能化，亦非風火不能凝。人身之正位，卽人身之鼎也；人之呼吸，闔闢往來，顯然一槖籥也。正位卽中間一寸二分之謂也，揆之於身，非天地之間而何？人受天地之中以生，是所謂命，道家謂「先天一點祖炁」是也。佛家以風輪主持天地，老子謂「三十輻共一轂」，孔子謂「主忠信，莫不一以貫之矣」。又參諸坤、艮皆屬土，土位於中央。坤曰：「君子黃中通理，正位居體，美在其中。」乃聖人示人以心易也。艮之大象曰：「兼山艮，君子以思不出其位。」兼山者，止而又止，安土敦仁，厚重而不遷也。老子又曰：「谷神不死，是謂玄牝。玄牝之門，是謂天地根。」兩山相合曰谷，聲響則應之，猶有神也。可見心虛則靈，不虛則不靈，所謂心死神活也。夫谷，至虛也；神，至靈也；不死者，不昧之謂也。此中空空洞洞，本自無生，亦何有死？玄牝即陰陽也。玄牝上交於心，下交於腎，是陰陽之門户也。況門户闢闔，又槖籥之別名也。天地之間，天地之根，理無二致也。此中逆回造化，樞紐陰陽，運行日月，交通水火，果能勿忘勿助，常應常靜，實三教澈始澈終之秘訣。

雖然，言之匪艱，行之惟艱。願與兄綿綿若存，而養自己天地焉，毋犯老子「多言數窮，不如守中」之戒也。

初學下手要訣

每日初中晚三靜，坐時先靜一刻，待身心都安定，氣息俱平和，然後垂簾（雙目下視微開也）觀照心下腎上一寸二分之中，不即不離，微微著一點真意，凝照其中，心息相依，神不外散，萬念俱泯，一靈獨存，此乃先天之正念發露處，即眞意也，又名黃婆，即是眞土。於此念中，似無似有，亦不可執著，又不可太放鬆。念若收緊，恐火太炎，有水乾之患；念若放鬆，恐水太溢，有火寒之弊。宜舒舒閒閒，常照顧於其中，久久行之，漸漸火蒸，腰覺愈暖，氣覺愈盛。息不調，自然歸中，上下氣不沖，是為胎息，是為眞人息，名曰元始祖炁，又名受氣生身，成一點眞陰精也。從此功不怠，元不走，陰精煉成陽精，藥從外來，皆自然而然，時至神自知也。

習靜調息

太无曰　陽炁活子時未動，斷不可强用周天，以落於後天有形之精炁。但用凝神入氣穴之法。凝神卽習靜也。神易外馳，不能自定，必用調息之法，而後神依息，同歸定於炁根，以妙陽生之用。訣曰：　自古神仙無他訣，只要凝神入氣穴。信哉，為生藥之要道也。

陶存存曰　下手之初，上閉六門以和四象，下閉二陰以防外洩。神息相依，注意規中，存想下田，至火純鼎熟。於是無聞無見，四肢無動，心無思慮，惟調眞息，出入往來於丹田之中，維繫乎徑寸之地，使之一呼一吸，息息歸原（調息至無思無為時，尋元關一竅）。但能入定半晌，自得離宮眞液下降，坎府陽火上升，中宮炁動，元關現景，而眞藥生矣。

調藥法

每於夢覺神清時，側身舒體，敲竹喚龜，鼓琴招鳳，九二見龍，以呼吸之氣，留戀神炁，採封候足，運火周天，卅六廿四，只寓一氣自然之節，不著於有，不淪於無，如是謂之調藥，如是謂之開關。

太旡曰　凡修行先以玉液接命延年之功為要，不拘行住坐卧，遇活子時陽生景到（須辨水源清濁），卽是陽關開而元精欲趨出之時，待藥物堅實，便畧提縠道，一意規中，徐徐調息，息息歸臍。一呼一吸為一息，正念現前，數三十六息而止，再徐徐二十四息以封固之，則精已化還炁矣。卽此一法，老實行之，便可接命延年，久久心平氣和，絕慾去忿，忘於自然，方可入室下功，行小周天之法（小周天火候甚秘，宜求眞師指點，乃能知之）。

老年調藥秘功

太旡曰　伍沖虛云：「老時神炁衰，謂之鉛汞少，動靜循環之機遲，卦爻已過，不能應物，則有調藥之訣。敲竹鼓琴，為喚龜招鳳之權法（北派敲竹鼓琴作用與南派大有分別）。而後陰極陽回，眞陽炁動，始有大藥可採，古人所謂『掇轉頂門關捩子消息』者是也，所謂『卻將北斗向南移，神運河車無了期；運罷河車君再睡，明朝依舊接天機』者是也。此起手元妙天機，乃生火（謂調藥）而又生藥（謂活子時）行火之法，久久純熟，靜極之際，自有藥（生景）到。」（習靜調息至此，皆進賢舒太旡眞人所傳。至北派中之敲竹鼓琴、喚龜招鳳之權法，伍沖虛祖最秘重之。今刊出傳世，學者珍之。）

上下分守法

丹經云「但安神息任天然」，本言抱元守一之事，其實下手工夫，須從調息始，以神御氣，以氣留形，此清淨內修之法也。丹家臨爐採藥，得丹温養，皆當用之。到得後來煉神還虛，所謂鶴胎龜息者，亦不離於調息之功。

明程化欒眞人（萬曆間成道者）道化書云：「人身一呼一吸，當天地之冬至夏至，一大子午也。凡人思慮情欲，搖動於心，息不沈而呼吸失子午之眞數。蓋鼻之有呼吸者，息也；丹田之生生不已者，息之息也；泥丸之子午交合者，無息之息也。息出入而有覺息之息，生動而若有；　無息之息，運化而歸無也。」又曰：　「丹經千言萬語，不若調息一著。息者，性命交合之真子午，此一身之造化也。夜半子時，一陽初復，生性息者也，目視泥丸，心存於上，靜照七日，性光生動矣；　日當午時，陽交於陰，生命息者也，目視丹田，心存於下，靜照七日，命光生動矣。性生命成，互為其根：　子從上而視下，性交命也；午從下而視上，命交性也。性命兩交，一粒黍珠，落於黃庭之內，從此造化生身，元氣周流，久之清空，照見五蘊矣。又三月渾身似癢似痛，積以九月，通身快活，溫暖如春。行之無間，十二年而成仙矣。」

按程氏子午性命之功，最為深微，乃追溯淵源，皆出於上聖。道德經云：　「根深蒂固，長生久視之道。」蓋瓜果之蒂在上，此卽子時上視之法；　草木之根在下，此卽午時下視之法。又按廣成子告黃帝云：　「愼汝内(保精炁神)，閉汝外(歛耳目口)。我為汝遂於大明之上矣，至彼至陽之原也；　為汝入於窈冥之門矣，至彼至陰之原也。天地有官，陰陽有藏(天門藏陽神，地户藏陰精)，愼守汝身，物將自壯(三寶完聚)。」所謂至陽之原，卽蒂固之處；　所謂至陰之原，卽根深之處。内經云：　「天谷元神(明堂之後，玉枕之前，方圓一寸)，守一自真；　上玄下牝，子母相親(神為氣子，氣為神母)。」

守泥丸法

又見泥丸一穴，上下相通也。黃庭經云「子欲不死修崑崙」，又曰「但思一部壽無窮」，可謂約而盡矣。是知調息凝神，乃千聖相傳之精義。悟眞篇多詳命而畧性，故採錄數條，以明玉液煉形之基，有志修眞者，如藥材能備，自當速煉金丹，倘資斧難圖，先宜從事玉液，以俟煉藥於將來。嘗攷紫陽仙師成都聞道時，年已八十有二矣，當卦氣旣盡之餘，尚克修成大藥，知其得力於靜功者，蓋有素也。

浙東金巖之界，近年有習長生法門者，外閉四門，內遣七情，凝神定氣，常常返視泥丸，行之純熟，能前知未來事，豫定生死期，蓋性門開而智慧生矣。食物所忌者，糟酒蒜葱及鮮魚肉，欲令五臟清虛不濁耳。

苕溪有一老翁，專守泥丸，始終無間，行年近百歲，而耳目聰明，精力強健。此年友徐治周熟知其人而親述其事也。

槜李王肱枕云：郡南石佛里，任子明所居也，子明在崇禎間常集村家設供，一日遇丐食道人傳以運氣之法，曰靜室端居，晝夜不拘，掃除情慾，塞兑瞑目，吸氣一口，自喉至腹送入丹田，轉下湧泉，卻從脊裏透上泥丸，徐徐呼吸，不令驟出，息定神凝，從容歲月，打過玄關，道成此日。適子明喪耦，止一草廬，日夕行持，至數月息長數刻，年餘可長一香，三歲後添至三香，然未聞有吸而無呼。冬日曝背簷下，閉目運氣，忽聞天地轟裂聲，週身火熱，見山河大地，俱成五色，神光恍惚如醉，日晡始定，此卽道人所謂過關之候也。自是氣從內旋，不呼於外，冬可浴冰，暑能擁火，恒坐而睡，屹然不欹。里少年疑其妄，閉棺沈水竟日，出之如故。年九十餘，別親朋卜日而逝。鄰人候其繼子至，屍停七日，炎暑不腐，蓋尸解云。子明每出城，必停予家，故知之獨詳。友人湯敵雲受其傳，至順治六年亦預知定期，沐浴坐化。

自「上下分守」至此，皆知幾子傳出。

庚甲秘法

申 戌時下極 辰時泥丸
酉 不行火 沐浴
戌 寅時下極 申時泥丸
亥 丑時下極 未時泥丸

未 亥時下極 巳時泥丸
子 子時下極 午時泥丸

午 子時下極 午時泥丸
丑 亥時下極 巳時泥丸

巳 丑時下極 未時泥丸
辰 寅時下極 申時泥丸
卯 不行火 沐浴
寅 辰時下極 戌時泥丸

訣曰：日月常加戌，時時見破軍；能知庚甲位，定見虎龍吟。藥向西南覔，火從東北尋；訣破其中妙，丹成謁太清。

以上口訣，依此行之，精炁自調，心性自見，三尸自去，九虫自滅。行之三年，入室下手，以求還丹，易如反掌。

右正盤十二時，指每年十二月，下註二時，指每用所用兩時而言。

斗建月將天罡圖

外一死局。乃天地之正位子午中一活局乃斗建逐月之子午內一小活局乃月將加所值正時以視夫天罡之所在按所在與所指不同如身在未則指丑背身向指則吉。反之則凶陸長庚云： 斗之所指則氣動，罡之所指則神聚，今欲知斗建之活子午，如正月建寅，則以寅加於戌，卯加於亥，至寅位則值午矣，又數至申位則為子矣，午與子相沖，則申乃氣動之時也； 其天罡所在之方，如正月建寅，則於寅上加戌，至午位為寅，寅臨於午，便是破軍，天罡卻在破軍前一位，乃巳位也，巳便是神聚之時。 按此法每月三十日，限定兩時為神聚氣動，不惟南宮家制符法之法宜知，卽靜坐向指亦少凶而多吉也。

又考斗建之法，如正月太陽已過宮，則於戌位加寅，逆排至申位為子，寅位為午； 如太陽未過宮，則於寅位加亥，逆排至酉位為子，卯位為午。

求天罡所在訣云： 日月常加戌，時時見破軍； 天罡前一位，卽此便為眞； 太陽宮未過，仍於亥上尋。 其加戌與斗建不同，彼是以戌為主而加寅，此乃以寅為主而加戌也。

坤修餘論

劉一明眞人女丹經云「太陽煉形男子體，太陰煉形女蹄筌」，盡人而知之矣。 問其何以煉，則無非執著幾頁樵陽經暨呂祖贈張仙姑二詞及一切女眞修煉詩，便以為口訣在是矣，時師中無不如此。 女丹經世傳頗少，曩見二三刻本，皆由乩降，不可盡憑。 樵陽經外，惟古書隱樓藏書中附一册，亦似非正訣。他如一貫眞機所錄諸篇，有理無訣。余竊見近日時師，有人叩其「斬赤龍」之法，則但以丹經用口訣，不分乾坤，不論上德下德、如何下手及斬赤龍從首從尾從腰之理，東扯西拽，强為人師，辜負學者一片請益之心，良可憫也。遇隱寓口訣處，又概指為象言，不知易繫辭曰「象也者，像此者也」。雖丹經多半譬喻，莫不有一至理寓於其中，恰像此意，故借以象之，非徒託空言誑世，此即所謂强猜瞎辯也。

坤道入門，須用跨鶴坐法，先從煉形起手。煉形不外煉乳固己，而煉乳之法，其中大有細微，須用武火煅煉，始能陰極生陽，從陽化陰。惟閨閣丈夫，殊不易遇，或性情乖張，或氣質妒悍，或心懷躁急，或畏避嫌疑，俱不可授。必須大根大器，素知詩禮，德性純和，道心眞切，又能放下一切，毫無罣礙，方可決其必成。否則，反不如教其念佛以收心，參禪以養性，可培他生福慧，且不惹是生非也。

余素憐弱質嬌姿，難於出外參訪，中年密訪多師，久乃得西王母、無上元君、魏夫人及孫不二眞人諸家至訣，大同小異。證諸呂純陽祖師二詞，莫不一轍。蓋此兩詞大寓至訣，不僅於語言文字中求之。曾見時師將「恁得氣力思量我」與「待他問汝甚人傳，但說到先生姓呂」二句，穿鑿附會，可發一笑。其實此是閒語，願有志閨賢，毋為所惑也。

余素不好為人師，亦不欲道人之短，因見偽法流傳，或有多刻幾種丹經，熟讀幾句道語，到處騙人財物，自命為師，未免阬陷學人。其在清淨一門，雖未得眞修，無甚功效，然平心而論，能引人看書窮理，教人收心養性，尚不無些小功德。更有一種地獄種子，自己學習僞法，以盲引盲，引經據典，儼若眞傳，欲人與之煉性，與之鑄劍，喪人廉耻，敗人名節，尤天理所不容，王法所必誅。又不若不知火候，教人禮拜持誦，或專以「心息相依」四字告人者，猶勝一籌也。苟無識坤修，道心眞切，不辨師之眞僞、法之邪正，久依門下，陷溺迷途，終身不知反悟，不亦大哀乎？爰識之，以示世之有緣者。

彭祖小接命蒸臍秘方

治男子下元虧損、遺精白濁、陽事不舉，婦人月信不調、赤白帶下，並皆薰之。

乳香、没藥、猳鼠糞（兩頭尖者是）、青鹽、兩頭尖、川續斷各壹錢，麝香弍分。右共為細末，如薰蒸之時，令人飽食，舒身仰卧，用蕎麥麪水合揑一圈，徑過寸餘，如臍大者二三寸，內入藥末，用新槐皮一塊，去粗皮止用半分厚，銀鍼刺孔二十，覆圈藥之上，如豆大艾壯灸之（艾用筆管先築緊）。百脈和暢，毛竅皆通，上至泥丸，下至湧泉，冷汗如雨。久之覺飢，再食再灸。不可令痛，痛則反洩眞氣。灸至行年歲數為止。無病者連日灸之，有病者三日一次。灸至腹内作聲作響，大便有涎沫等物出為止。只服米湯，兼食白肉、黄酒，以助藥力。槐皮如覺焦，則易新者。凡灸後容顔不同，效應無比。中秋日薰蒸一次，可以卻病延年。

又蒸臍却病延年秘方　大附子壹兩（童便浸一日夜，炙乾），鹿茸六分，茯苓（人乳拌蒸晒）六分，川椒六分，蓮肉六分，共為細末。藥餅大小，合鼎底略小一分，以便换火時不礙鼎口，厚約二分許（先製一檀香圈，過心二寸許為鼎），太過恐藥力不透。人乳拌作餅，銀鍼刺孔二十，以蕎麥粉作圈圍之。臍内用麝香一分泡水洗，再以一分填臍内。二分二至日，否則天月德吉星多者。淨室秘糊四壁，厚縟仰卧，餅上蓋以槐皮，蘄艾搓茸為丸，筆管築緊三十六枚。蒸畢安神静養，避風一日，斷色慾思慮一月。如此病卽去矣。

又蒸臍秘方　坎炁一條（男女互用。先以乳浸一宿，次日用絹絞取汁，微火熬乾，去滓，再以乳汁、麝香三分放臍内，上安藥餅），眞降香三錢，上沈香二錢半，五靈脂、夜明砂、青鹽、藿香、龜糞各二錢，麝香、牛黄各二分。以上九味，共研細末，葱汁為餅，如錢大，厚二分。作三餅，放一餅於上，外用乳調蕎麥粉圍之，上安槐白皮，鑽孔，用艾灸之，一歲一炷。若病人在明九暗九，及犯歲君月建，與人身神在臍腹日，俱不可灸。

女人赤白帶下，無子腹痛，加山藥、紅花、木香；　腹脹，加猪苓、小牙皂；　腹痛，加小茴、延胡各五分。天寒上下身遮蓋，空臍仰卧，灸之務得温暖，不可過燥，致令熱痛。如熱痛藥燥，須換藥與槐皮，只令微汗為妙。此方神效，先忌房事十日，後當靜養一七。
陽事不舉，下元虛冷，加附子、韮子、故紙、蛇床子。
制艾法　當歸、小茴、川芎、防風、荆芥、羌活、杏仁、川烏、草烏、莃薟草各五錢，共煎一碗，製艾八兩，晒極乾用。

摩腰膏

治老人腰痛、婦女白帶。
附子尖、烏頭尖、南星各二錢半，硃砂、雄黄、樟腦、丁香各一錢半，乾薑一錢，麝香大者五粒。右共為末，蜜丸，龍眼大。每一丸用生薑汁化開，如厚粥，火上烘熱，放掌上摩腰中，候藥盡貼腰上，即烘綿衣縛定，腰熱如火。間二日用一丸。（此法近有人專用此治形體之病，凡虛人老人，頗有效驗。其術甚行。）又此方加倭硫黄、人參、鹿茸、沈香、木安息等大補之品，摩虛損老人更妙。又一法以麻油、黄蠟為丸，如胡桃大，烘熱摩腰上，俟腰上熱，然後紮好。一丸可用數十次。腹中病亦可摩。

衛生十要

第一條　大例　早起早睡，時常習，勤操作，務使氣血運動。凡睡宜有定時，成人以十點鐘為度（大率晚十點鐘、早六點鐘），小孩亦八九點鐘為度。黎明即起，不可既覺且睡。

第二條　呼吸　一飲一食，皆為養生之物，清氣陽光，尤為保養精神所必需。凡人出入起居，宜多吸清氣，多受陽光。

第三條　臟腑　節飲食毋貪口腹，薄滋味以養清明，戒醉以養德，寡慾以養精，窒忿以養氣，息慮以養神，必享高壽。

第四條　皮膚　宜常洗浴，務使清潔，不染垢污。譬如機器不鏽則可經久，人身亦然。

第五條　睡卧　凡睡至適可而止，則神甯氣足，大為有益。多睡則身體軟弱，志氣昏惰。（又睡宜側毋仰，一足伸，一足縮，一手枕頭，一手靠腹。醒後宜轉側，毋睡執一邊。必使氣血流通，不致阻滯。）

第六條　衣服　宜順天時更換，勿使過冷過熱。履襪漬溼，亦必換乾燥者。

第七條　房屋　收拾整齊，居人和樂，卽成有福之象。水缸勤清，便器勤滌，污不停溝，唾不留地。男女無混，尊卑敘禮。三姑六婆，不許入室。

第八條　品行　凡人勤則善心生，佚則惡心起，魔障得以乘間而入，故古人謂「民生在勤」也。尤貴處世以和，待人以恕，則無往不宜矣。

第九條　養心　心情豫悦，則長壽可期，精神可增。若多憂愁煩惱，動有厭惡人世之心，使人易老而促生。

第十條　職業　勞心者不可不勞手足，勞力者不可不養精神。身心二者當兼養，不可偏廢也。

右十條皆有益於人世，凡居家養生，無不相宜，人果依而行之，必享高壽厚福無疑矣。

（從衛生學問答錄出，稍為增加潤色。）

太乙離火神針秘法

神鍼用例

一　用鍼先須審病。詢明是何症候，取何穴道，以筆圈出。次將猩紅淨布疊作七層，按於穴上，依次鍼之。

二　用鍼先鍊手法。宜清水洗手，取鍼於白燭上燒透，對準病穴，隔布按之，由輕而重，使藥氣漸透腠理，直達病奧，自覺絪縕和暢，功效甚速。若嫌太熱，則畧為提起，熱定仍復重按。每穴七鍼，患重則倍之。

三　用鍼宜知禁忌。每日人神所在之處，須謹避之。雖有急症，不得不從權按治，究非正法。人神禁忌日，另列於後。

四　用鍼以天氣晴和為上，鍼後切勿露風。一以靜卧片時，使氣機轉運周徧，然後起而温飲醇酒數杯，隨量，得微醺為度。

五　用鍼時口味不須忌，而飲食宜有節；思慮不能禁，而房事斷勿犯。

六　石刻原本，凡用鍼時，需默唸神咒曰「天火地火人火，三昧眞火，鍼天天霧天，鍼地地瘴裂，鍼人人各得長生，百病消除萬災滅。吾奉太上」云云。按凡為符咒，文理大率誕妄，畧無義理。而號有奇驗云者，吾未之信也。此不過為用鍼之士敬束其心，使之專一於事而已。治藥宜精，按穴宜的，咒則吾輩弗屑也。姑存此以全其說。

七　此鍼實為神授奇方，功效之速，歷著奇驗，原所以濟世救人者也。若緣是射利，則是自增罪障，有識者慎之。

太乙離火神鍼秘方

蘄艾絨叁兩（產於蘄州陳久者良），硫黃弍錢，麝香伍分，冰片伍分，盔沈香、乳香、没藥、丁香、松香、桂枝、杜仲、川貝母、枳殻、皂角、細辛、白芷、桑寄生、獨活、川芎、雄黄、穿山甲以上拾柒味各用壹錢。

右藥稱準，各研為末，和勻。預將火紙裁定，將藥末鋪於紙上，約厚分許，層紙層藥，捲如大指粗筒圓，捍令極堅。外以桑皮紙厚糊六七層，再以雞蛋清通刷一層，陰乾，密收勿令洩氣。

按 此方向稱秘授，凡沈寒積冷風溼痰氣以及一切麻木痺症，無不立奏奇效，惟陰虛火旺暨溼已化熱者稍不相宜。穴道向有刊本，而方藥不傳。光緒壬辰，羅君柱丞曾補刊行世。願得是方者，廣行方便，救人疾苦，勿為射利起見，是亦自培功德之一端也。方內識

神鍼治例三十二穴部位

百會穴　由鼻梁直入髮際五寸，旋毛中陷，可容指處。

凡中風、頭風、瘋顛、角弓反張、忘前失後、氣絕脱肛、目淚耳聾及小兒急慢驚風、夜啼不乳一切頭面肩項外雜等症，且按定鍼此。

上星穴　由鼻梁直入髮際一寸，可容一豆。

凡腦冷、鼻塞、腦漏、汗閉、目睛疼脹等，鍼此。

神庭穴　由鼻梁直入髮際五分。

凡頭疼目眩、涕淚不止、瘋癇諸閉、猪頭羊顛之類及中寒中暑者，鍼此。

臨池穴　由兩耳中直上髮際五分，陷中處。

凡目痛内瘴、赤白翳、飛絲作腫、傷風流淚及腰脇下痛者，鍼此。

客主人穴　由兩耳前骨上宛中間開口卽空處。

凡兩額顴顋暴疼暴腫、口眼歪斜、牙關緊閉、失音不語等症，鍼此（左右二穴）。

天突穴　結喉下二寸陷中，低首得之。
凡喉風喉痺、氣噎痰壅、咯血哮喘、纏綿有聲及咽喉暴症，鍼此。

肩髃穴　左右肩端兩骨間。
凡手臂痠疼不能捉物、頭項木强、風熱癮疹、偏風不遂、指節麻木不仁者，鍼此（左右二穴）。

上脘穴　臍上五寸。
凡心腹疼痛、驚悸痰結、伏梁氣蠱狀如覆盆、瘈瘲風瘤、咳喘等症，鍼此。

期門穴　左右兩乳下骨端第二肋間。
凡傷寒結胷、咳逆吐膿、肚腹膨脹、霍亂吐瀉、各種氣疼及婦人熱入血室、產後失調等症，鍼此（左右二穴）。

中脘穴　臍上四寸。

凡翻胃吐食、心中脹悶、狀若伏梁、傷寒飲水過多、腹膨氣喘及寒癖氣痞、瘧痢痰暈等症，鍼此。

下脘穴　臍上三寸。

凡肚腹堅硬、痃癖氣塊、小便赤澁、身體羸瘦、飲食不化者，鍼此。

天樞穴　臍兩旁各開二寸。

凡夾臍隱痛、上沖心腹、赤白痢疾、飲食不化、泄瀉及氣滯成塊狀如覆盆、男子一切血損、婦人經水不調等症，鍼此（左右二穴）。

氣海穴　臍下一寸五分。

凡男子陽事久憊、女子月信愆期，一切氣疼或遊行臟腑、或冷結攻心、或凝滯若痞，山嵐瘴癘，或疝或墜，及婦人惡露不止、產後諸病，鍼此。

關玄穴　臍下三寸。

凡男子遺精白濁、臍下冷痛、小便閉澁，女子赤白帶下、月事參差等症，鍼此。

中極穴　臍下四寸。

凡五淋七疝、小便赤澀、遺瀝失精、奔豚搶心，婦人經水不調、赤白帶下、常作小產、不受胎孕等症，鍼此。

曲池穴　臂上屈，手按胸，肘彎橫紋尖盡處。

凡偏風不遂、兩手拘攣、捉物不得、臂軟無力、脇内寒冷作痠，或指節麻木、伸曲不仁，内及傷寒餘熱弗盡者，鍼此（左右二穴）。

手三里穴　曲池下二寸，鋭肉端。

凡手臂不仁、拘攣牽制、偏正頭風、頷頰紅瘇、齒痛瘰串等症，鍼此（左右二穴）。

以上頭、面、身體、兩手正面諸穴治病准此。

風池穴　腦後兩耳根陷中，按之引動耳内。

凡耳聾虛鳴、脱頷口禁、顋頰疼腫及一切耳病、牙痛，鍼此(左右二穴)。

大椎穴　頸下第一節骨欹下第二節上間。

凡五勞七傷、偏身發熱、咳嗆無痰、氣弱身瘦及諸般瘧疾，鍼此。

身柱穴　由大椎下第三節骨下間。

凡脊膂强痛、咳逆嘔吐不止、癔瘲、寒熱往來、勞瘧等症，鍼此。

肺俞穴　三椎骨下左右兩旁各開二寸。

凡傳尸骨蒸、蒸痿吐血、咳嗽、胷鬲氣喘煩勞等症，鍼此(左右二穴)。

膏肓穴　四椎骨節下兩旁各開三寸五分。

凡五勞七傷、諸虛百損、肺痿咯血、咳嗽多痰、四肢乏力、寒熱不時、精神恍惚、暈眩若驚等症，鍼此(左右二穴)。

此膏肓穴為百病之關人身最重，無不主之。

脾俞穴　十一椎骨下兩旁各開二寸。
凡諸般黄疸、四肢不收、痺痛膈疼、痢洩久患、翻胃嘔吐、氣噎痰凝及積痞老瘧、往來寒熱等症，鍼此（左右二穴）。

命門穴　十四椎脊骨中間。
凡腰腹引痛、頭疼如裂、裏急後重、癋瘲、精神潰散等症，鍼此。

腎俞穴　十四椎骨下兩旁各開二寸。
凡腰疼如折、便血出精、陰痛身熱、耳聾目盲、筋絡受寒、手足拘攣牽動等，鍼此（左右二穴）。

會陽穴　尾尻骨兩旁各開二寸。
凡五痔腸澼、兩腎堅痛、泄瀉入痢、陰汗淫癢、脱肛等症，鍼此（左右二穴）。

環跳穴　在髀樞中，側卧屈上足，伸下足取之。大腿曰股，股上曰髀。楗骨之下，大腿之上，兩骨合縫處曰髀樞。此環跳穴，凡下部諸病皆主之。凡中風中痰、半身不遂、腰胯强直、股痛引肋，不能側轉，一切風痹、風痛、寒溼等症，鍼此（左右二穴）。

足三里穴　膝下三寸外臁，以手掌按膝頭，中指尖到處外旁也。凡五勞七傷、翻胃氣噎、腸鳴腹痛、横痃脱肛、痞癖膨脹、胷鬲蓄血、咳嗆稠痰、兩足軟痿、麻木失履，並治一切時行瘧痢、霍亂吐瀉、頭目昏眩、發狂囈語、無端哭笑及三焦不通、喉風口禁諸症，鍼此（左右二穴）。

風市穴　端立垂手於股間，中指尖到處。凡兩腿麻木、左癱右瘓、艱於步履，一切筋寒疼痛、腳氣浮腫、義指溼爛等症，鍼此（左右二穴）。

内庭穴　足大指内，次指本節歧骨陷處。

凡十般水腫、四肢厥逆、咽喉疼閉、嘴歪齒齲及久瘧不食、寒熱如潮、惡聞人聲、足根虛疼等症，鍼此（左右二穴）。

行間穴　足大指與次指歧骨縫間動脈處。

凡心痛腹脹、氣促煩悶、咳逆吐血及手足浮腫、四肢厥冷、溺有餘瀝、沙痳白濁等症，鍼此（左右二穴）。

大敦穴　足大指端去爪甲韭葉寬許有毛處。

凡小腸疝氣、小便頻數、陽收入腹、腎子偏墜、臍下堅脹、尸厥垂絕、腳氣腫爛、失屐及婦人血崩、胎產失調等症，鍼此。

湧泉穴　足底中心。

凡神昏目眩、喉風口禁、九種心氣厥痛、咳嗽多痰、風癇搐逆、腰腳瘦疼、足不履地，及婦女月事失期、胎產諸病，小兒驚風並指尖足跟虛痛等症，鍼此。

以上腦、脊、腰、胯、兩足背面諸穴，治病準此。

右傳鈔舊本，向來文理蕪雜，此特校證精詳，悉經治驗者也。

人神守宮日忌

一日足大指，二日外踝，三日股內，四日腰胯，五日口，六日兩手，七日內踝，八日胷脘，九日尻，十日肩背，十一鼻梁，十二髮際，十三牙齒，十四胃脘，十五通身，十六胷，十七氣衝，十八股內，十九兩足，二十內踝，二十一手小指，二十二外踝，二十三肝、兩足，二十四手陽明，二十五足陽明，二十六胷，二十七兩膝，二十八陰，二十九膝脛，三十兩足趺。

以上人神逐日所在，不宜鍼灸，切須謹避。或有急症，不得不從權以治，按處亦當少偏，然總屬非法也。

量寸定穴法

凡言寸者，用本人中指屈轉，視兩頭折紋盡處即一寸也。以草心比定為準。

按穴治病，猶射之的，至如癰疽發背，對口疔瘡，結痰成核，瘰癧為串，一切無名瘇毒，及磕跌損傷，凝滯瘀血，風寒骨節疼痛，勞乏周身酸楚，或發難於俄頃，或積疾於歲月，亦不必刻舟求劍，必尋是穴而方試吾鍼。但須就所患處隨時按治，總以用鍼重輕有法，温暖適宜為主。惟症之痛者，鍼至不痛；其不痛者，必得鍼至知痛。使藥氣温和，漸入腠理，無不直取病根，捷於影響，真有手到病除之妙也。

楚中虛白子

存眞書齋仙道經典文庫（即出書目）

李涵虛仙道集 蒲團子 編訂

太上十三經註解（最完整本）

無根樹二註　道竅談　三車秘旨

女子道學小叢書 陳攖寧 訂 蒲團子 輯

坤寧妙經　女功正法　女丹十則

男女丹工異同辨　女丹詩集

附：旁門小術錄　陳攖寧佛學論著拾遺

通一齋四種 方內散人 著 蒲團子 編訂

三教宗旨　南北合參　道情十詠　閒情雜著

稀見丹經初編 蒲團子 編訂

修身正印（孫碧雲）　玉符直指註釋

地仙玄門秘訣　性命要旨（汪東亭）

教外別傳（汪東亭）　養性編（柯懷經）

玄談集（節選）（徐海印）　丹道概論（張良士）

因是子靜坐法四種 因是子 著 蒲團子 輯

因是子靜坐法　因是子靜坐法續編

因是子靜坐衛生實驗談

中國的呼吸習靜養生法

關尹子九篇 陳抱一 註 蒲團子 輯

一字　二柱　三極　四符　五鑒　六匕　七釜

八籌　九藥